シリーズ「遺跡を学ぶ」002

天下布武の城

安土城〈改訂版〉

木戸雅寿

新泉社

天下布武の城

―安土城〈改訂版〉―

木戸雅寿

【目次】

編集委員
勅使河原彰（代表）
小野昭
小野正敏
石川日出志
小澤毅
佐々木憲一

装幀　新谷雅宣
本文図版　小針聡

序　天下布武へ向けて

出世魚のように

織田信長は生涯にわたって数度居城を変えている。それはまるで大きくなるたびに出世し、名前を変えていく魚のごとくである。

もともと尾張の守護は斯波《しば》氏であった。その元で織田《おた》氏は守護代を勤めていた。『信長公記』（奥野高広、岩沢愿彦校注、角川文庫）によると、織田氏は尾張の「上の郡四郡」を支配し岩倉城を居城としていた織田伊勢守《いせのかみ》と、「下郡四郡」を支配し清洲《きよす》城を居城とする織田大和守《やまとのかみ》とに分かれていた。両者は常日頃から争いごとが絶えなかったようである。大和守の家には、織田因幡守《いんばのかみ》、織田藤左衛門《とうざえもん》、織田弾正忠《だんじょうのちゅう》の三奉行がおり、このうち弾正忠が勝幡《しょうばた》城を居城とし、信長の曾祖父以来、この勝幡城が居城であった。

しかし、信長の父である「備後守《びんごのかみ》」（織田信秀《のぶひで》）はあるとき、「那古野《なごや》へこさせられ、丈夫に要害おおせつけ」られた。さらに信秀は、一五三四年（天文《てんぶん》三）五月に「嫡男《ちゃくなん》織田吉法師《きっぽうし》」

（信長）に那古野城を譲り、みずからは「古渡と云う所に新城をこしらへ」居城としている。通説では、信長は一五三四年（天文三）五月にこの那古野城で生まれたといわれている。

　那古野城はもともと今川氏の城で、天文年間に信秀が奪取したものである。その位置は今の名古屋城の二の丸にあたるとされている。しかし、これについては名古屋藩士奥村徳義が記した『金《きん》城《じょう》温《おん》故《こ》録《ろく》』にある「往昔、今川氏豊居しといふる名古屋古城は本丸の東、二の丸の所に在りし趣なり」とする説によっているにすぎず、くわしいことはわかっていない。信長はこの城で父信秀の死後、家督を継ぎ、守護代織田広信《ひろのぶ》を殺害して清洲城を奪取する一五五五年（天文二四）四月まで居城している。ちなみに、那古野城はともに謀議を計った叔父信光《のぶみつ》に譲っている。

　信長は「清洲と云う所は国中真中にて富貴の地なり」として清洲城へ移転した。清洲城は守護代大和守敏定《としさだ》の頃から守護所として使用されてきた所である。城は愛知県春日井郡清洲町（現・清須市）に所在する平城である。五条川の自然堤防状間の中州に立地している。したがって、本丸のすぐわき、城の

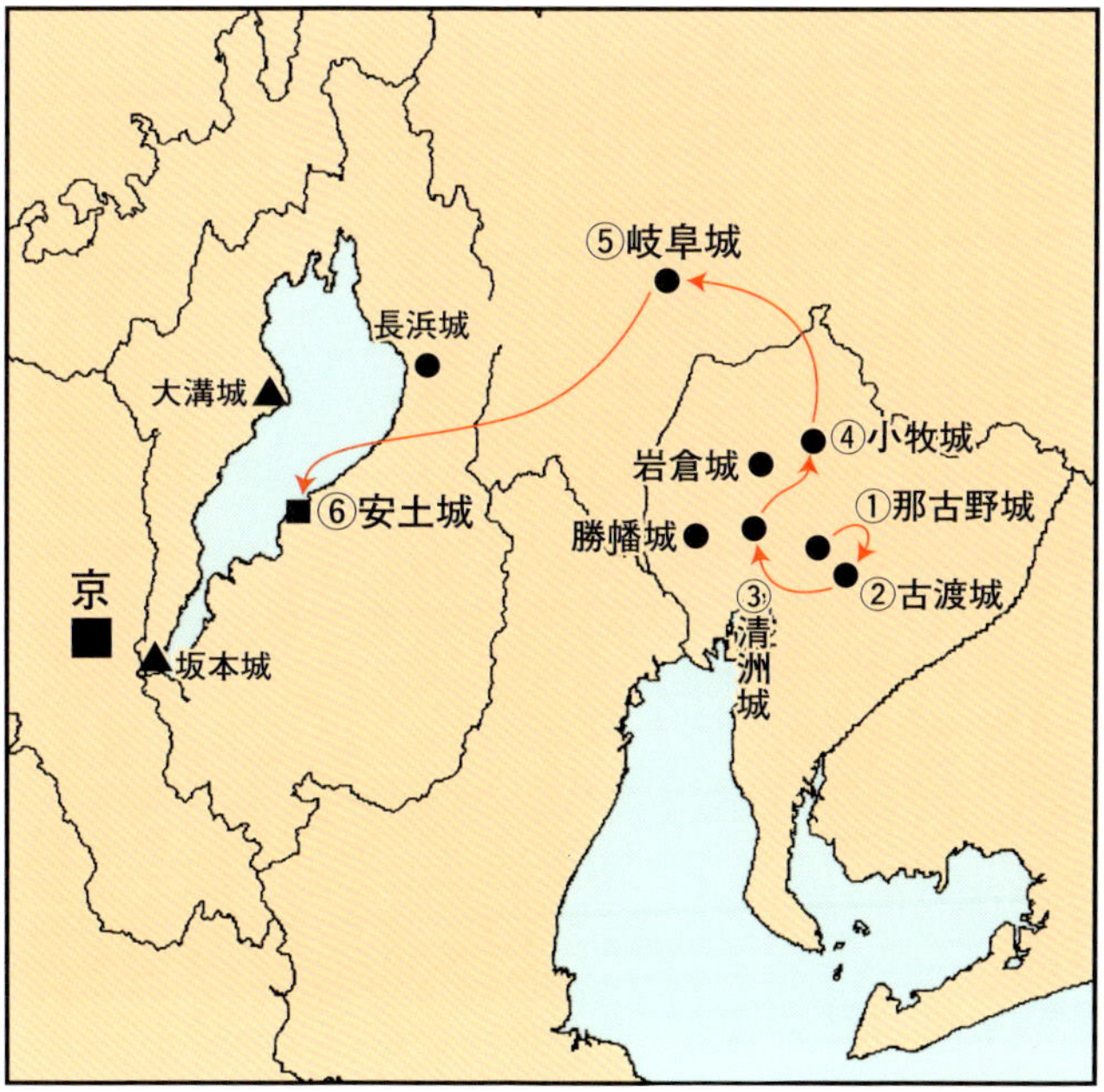

図1●信長の居城の変遷（▲は重臣の城）

ほぼ中央を河川が横切っている。城は櫓《やぐら》が建つ本丸を中心に三重の堀で囲われていたことが『信長公記』の記述や『清洲村古絵図』（名古屋市蓬佐文庫）に、また近年実施された発掘調査の結果によってわかっている。

一五五九年（永禄二）二月、上洛し将軍義輝《よしてる》に謁見した信長は、三月に尾張を平定した。一五六〇年（永禄三）桶狭間で今川義元を倒し、そのまま美濃へ進入した。そして、一五六三年（永禄六）七月、美濃攻略のために小牧山《こまきやま》に居城を移した。

小牧山城は小牧市堀の内一丁目に所在する標高八五メートルの独立丘陵に位置する平山城である（図2）。家臣団や町屋も清洲から移転させ、小牧山南麓には城下町も形成されている。信長のはじめての築城といわれている山城である。信長はここで四年間すごしている。

そして、一五六七年（永禄一〇）八月、小牧

図2● 空から見た小牧山
信長は家臣団や町屋を清洲から移転させ、南麓に城下町を形成した。

山から美濃の斎藤龍興《たつおき》を攻略して、居城を稲葉山に移転した。『信長公記』には井口を岐阜とあらため城下町を整備し城を金華山に築いたとある。岐阜城は長良川沿いに立ちはだかる標高三三六メートルの金華山頂に立地している。もともとは鎌倉時代に二階堂氏によって築城されたものであるが、戦国期は斎藤道三、義龍《よしたつ》、龍興が居城としていた。

フロイスの『日本史』にもあるとおり、信長の居館はポルトガルやインドの宮殿にも劣らないくらいとても精巧、美麗、清浄であったといわれ、宮殿は四階建てであったとされている。この建物が本当に四階建てかどうかは議論のあるところであったが、二〇〇七年から一〇年をかけ、岐阜市教育委員会が発掘調査を実施し庭園を含む館の全貌が明らかにされ、信長の城の発展形態を考えるうえで重要な成果をあげた。

また、この山下には、千畳敷と称し、信長の居館の一部が千畳敷遺跡

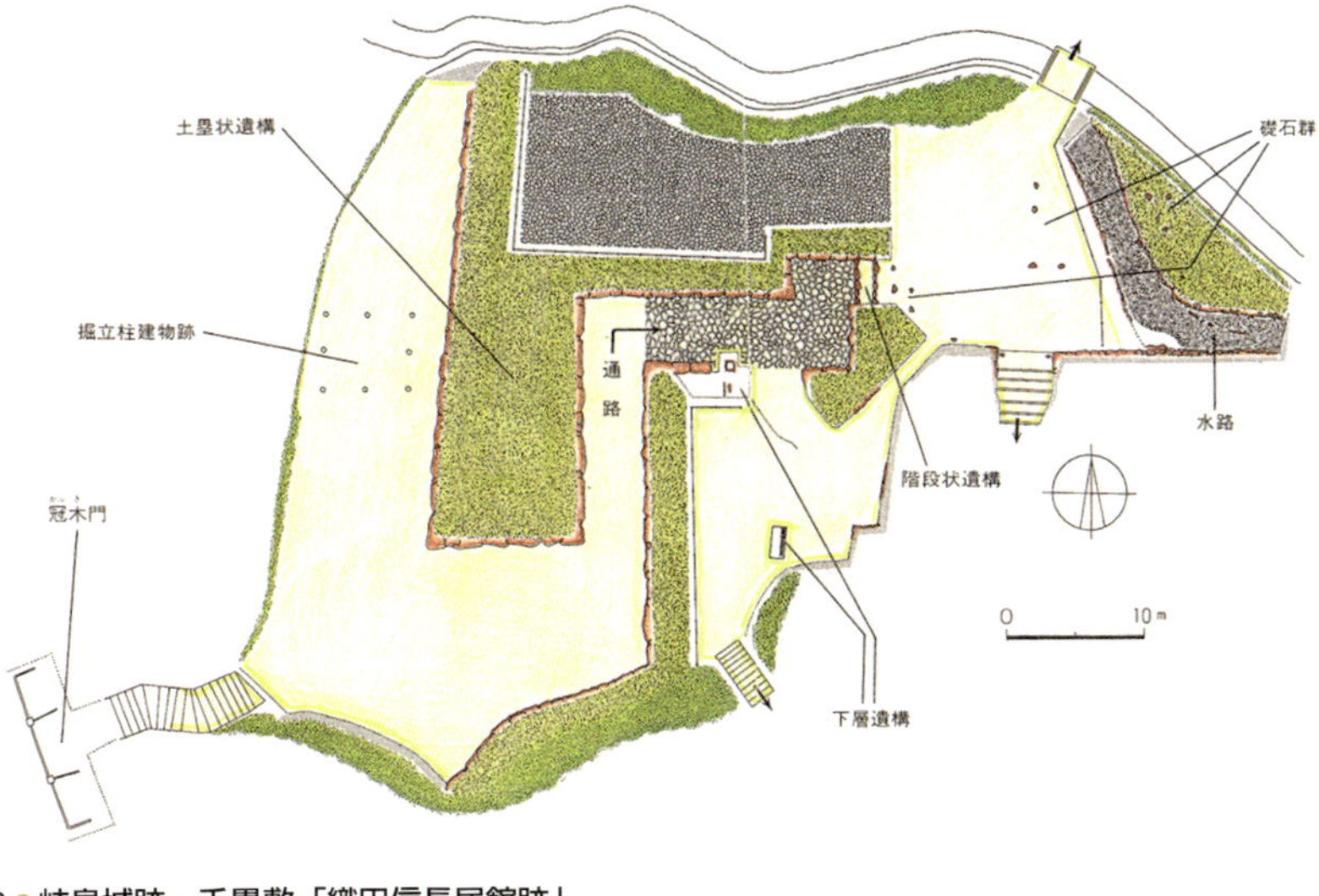

図3● 岐阜城跡・千畳敷「織田信長居館跡」
居館部の虎口部分周辺に相当する遺構と石垣（上の写真）が発見されている。

として発掘調査され、報告されている部分もあった（図3）。ここでは居館部の虎口《こぐち》部分周辺に相当する遺構と石垣が発見されている。また、山頂の城についても石垣の存在、座敷のある建物の存在などの記述があり、これらも確認調査が進んでいる。

しかし、この美濃一国支配の象徴としてつくられたみずからの居城をも信長は放棄する。そして、一五七六年（天正四）、「天下布武《ふぶ》」の礎《いしずえ》となすべき安土城の築城をはじめるのである。

安土城の築城へ

安土城の築城は、「天正四年　正月中旬より江洲《ごうしゅう》安土山御普請《ごふしん》、惟住五郎左衛門に仰付けられる」（『信長公記』）の記事で確認できる。

なぜ、信長はここ近江の地、安土に新たな城を築こうとしたのであろうか。前述のとおり、信長はみずからの居城を、情勢に合わせてたびたび変えていた。出世するたびに大きな家に住むだけではなく、その時勢に合わせて居住を変えていたことには、それなりのわけがあった。その最期の地が安土であった（図4）。

居城を岐阜から安土に移したのは、信長にとってはつぎの目標へのステップアップであった。一つは城の位置、岐阜城との関係を補うことにあった。それは美濃から京都までの距離にあった。一五六九年（永禄一二）一月に起こった三好《みよし》三人衆による義昭《よしあき》の急襲が原因であった。信長はすんでの所で政権を失うという危機に見舞われたからである。このときに、信長は岐阜から大雪のなかを一騎がけで一〇騎を従えて京へと上った。三日路《みっかじ》かかるところを二日路《ふつかじ》でかけ

図 4 ● **空から見た安土山**
築城当時、安土山は三方を湖水で囲まれていた。
1947 年の干拓事業によって、現在は周囲が埋め立てられている。

たことが『信長公記』には記されている。平素は三日かかるという岐阜と京との距離にとても不安を感じていたようである。

それに加えて今一つは、社会情勢と新たな政権の構想にあったと考えられる。上洛という一大イベントの結果、天下布武の名の下に、室町幕府と朝廷をバックアップするという政権を彼自身が担おうとしたからである。本来であれば、京に拠点を構えてもよかったのであるが、信長はあえてそれをしなかった。それは京に一線を画し新たな町づくりと政治を安土でおこなうという彼独自の構想が、すでに天正四年段階にあったからである。

数少ない残された当時の記録のなかで、築城の姿を目前にした宣教師たちは、つぎのような様子を伝えている。その様子はそれまでの日本の城づくりを一変させるものであった。

「彼は都から十四里の安土山という山に、その時代まで日本で建てられたもののなかでもっとも壮麗だといわれる七層の城と宮殿を建築した。すべては切断せぬ石から成り、非常に高く壁の上に建ち、なかにはそのもっとも高い建物へ運び上げるのに四、五千人を必要とする石も数個あり、特別の一つの石は六、七千人が引いた。そして人々が確言したところによれば、坂を少し下へ滑り出た時に、その下で百五十人以上が下敷きとなり、ただちに圧し潰され、砕かれてしまったということであった。壁と塀は驚くほど高く、それに適した技巧で造られており、截断せぬ石だけからできていても、切石と漆喰でできた我らの石造建築を眺めるのとほとんどなんら異ならないほど堅固に、そして豪華にできている。宮殿や広間の豪華さ、窓の美しさ、内部で光彩を放っている金、赤く漆で塗られた木柱とすべて塗金した他の柱の数々、食料庫の大きさ、多種の灌木がある庭園の美しさと新鮮な緑、〈中略〉池、黒く漆で塗られた鉄が打ち込まれた扉、全建築と家並みの塗金した枠がついた瓦、周囲に見張り用の鐘がある保塁の数、新しい豪華な宮殿〈中略〉とおびただしい部屋の塗金した絵画の装飾、新鮮な緑と、きわめて広大な平地、これを越えて望むと、片側には麓に大きな湖があり、各種各様の舟が往来し、他方、見渡すかぎりの田野が開け、その間に城や多数の村落が展開している。それらすべてに全範囲に渡って格別の清純さが見受けられる。」（フロイス『日本史』第三三章）

しかし、これらの文章を今、現地で間近にしのぶことはできない。なぜなら、安土城は信長の死とともに焼失したからである。これが「幻の城・安土城」の幻たる由縁でもある。その後、人びとはその姿を一目見たいと復元を夢みて数々挑んできた。しかし、それはいまだ想像の域を出ていない。

ここでは、当時の人びとが荘厳で、堅固で、豪華といい、信長自身が天下布武という政治の舞台として築いた安土城の姿を、最新の考古学的調査の成果で検証し、その実像に少しでも近づこうとするものである。

第1章　城の道を掘る

すべては大手道から

それは一九八八年のことであった。大津で開催された第一回「特別史跡安土城跡調査整備委員会」では、安土城の全貌を解明するために、二〇年をかけて発掘調査を実施することが決定された。ここでは、旧来の安土城のイメージが天主だけに偏っており、その全体像がいまだ明確になっていないことが指摘され、主な調査方針として、全体像を明確にするためには城の構造を明らかにすることが先決であるとされた。城全体の構造とは、安土山の山裾から山頂までのルートと点在する郭《くるわ》群の構成、いわゆる縄張《なわば》り構造そのものを明確にすることであった。それにはまず安土城の背骨ともいえる天主への道、大手道《おおてみち》の姿形、ルートと規模を明らかにすることが重要であるとされた。

こうして、一九八九年、滋賀県は安土山の所有者である宗教法人摠見寺《そうけんじ》の全面的な協力と文化庁の指導のもと、発掘調査を開始したのである。

安土城は、天主を中心とする山頂の主郭《しゅかく》部と、それを取り巻くように存在する麓に広がる屋敷群や城郭施設で構成されている。さらに、それらを連結するように城内にいくつかの道がのびていることは、現況の地形図からも推察がつく。

この道にはじつは一定の法則がある。一つは山頂から放射状に麓までのびている道である。この道は山の地形に合わせたルートをとっており、南の大手道を中心に時計まわりに山の上を谷底道と尾根道と交互に配されている。もう一つは、放射状にのびる道をつなぐ道である。これは一定等高線上に横道として渦巻きのようにつくられている。そして、麓の屋敷地はこれらの道とつながり、さながら葡萄の房のように配置されている。

これらの道と施設がおのおのに絡み合

図 5 ● 安土城模型（安土城考古博物館展示）
図 4 と比較してみると当時の姿がよくわかる。

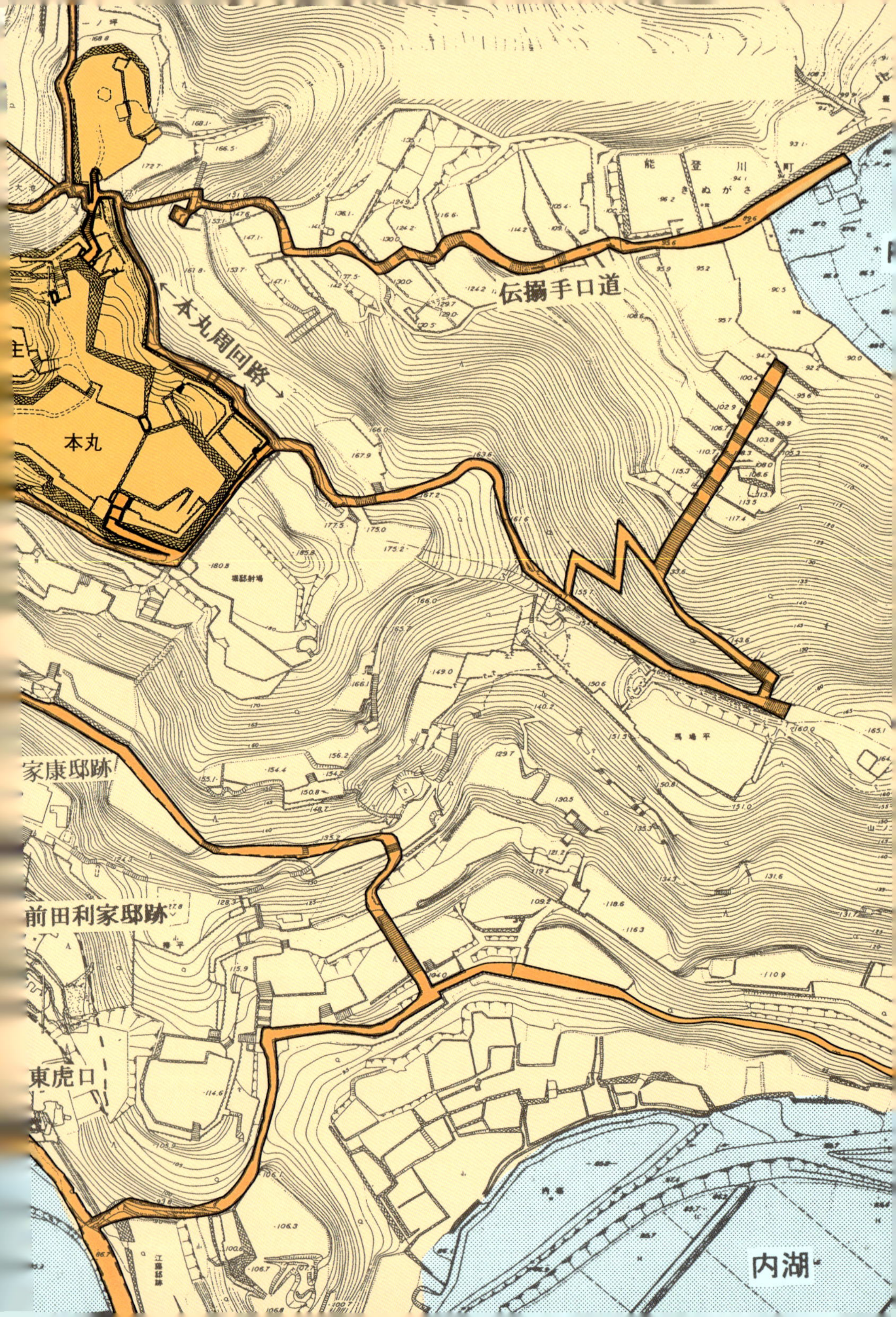

能登川町
伝搦手口道
←本丸周回路→
本丸
家康邸跡
前田利家邸跡
東虎口
内湖

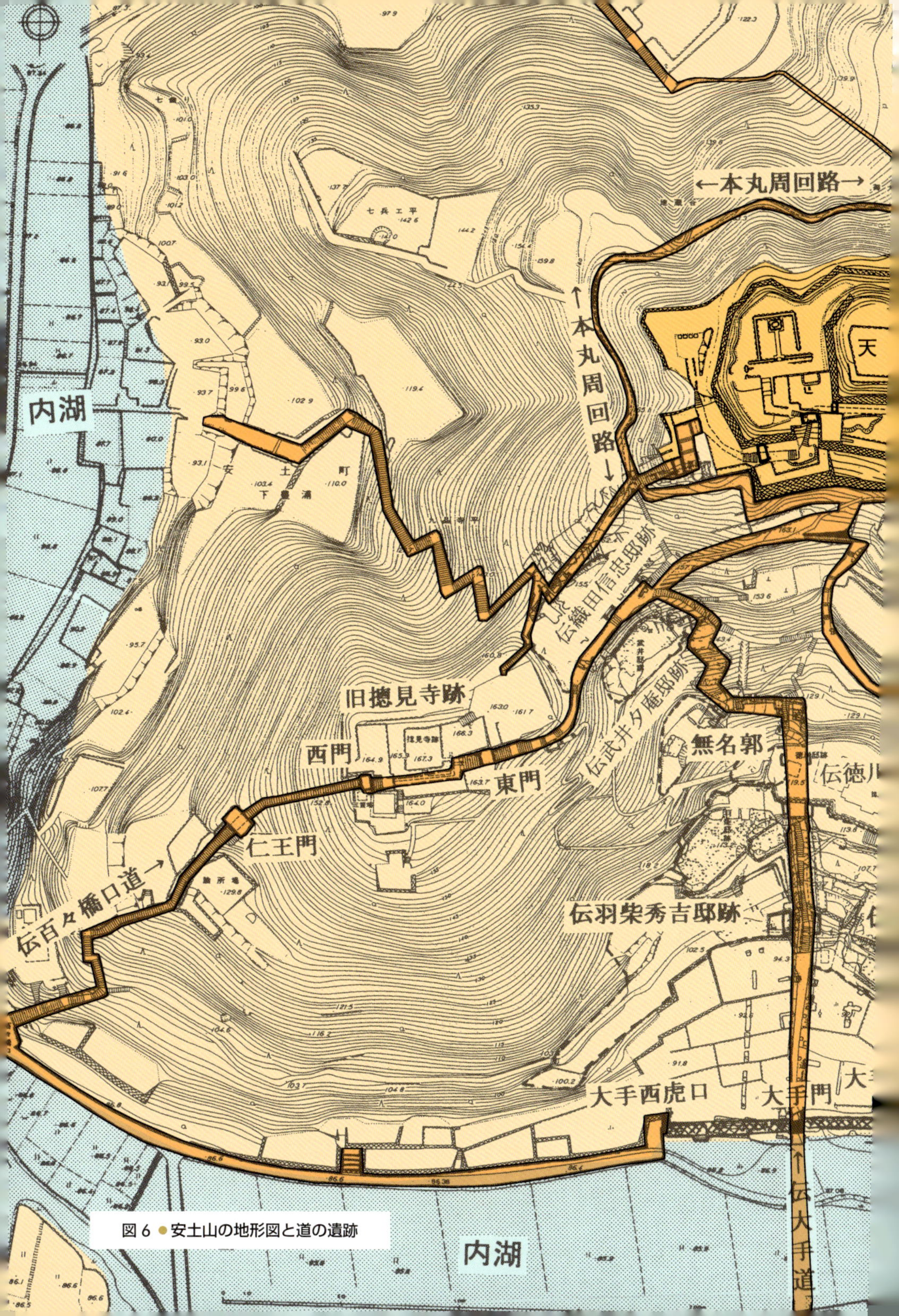

図 6 ● 安土山の地形図と道の遺跡

い複雑なルートとエリアをつくり一つの城をなしている。この全体構造が安土城の最大の特徴である。したがって、道、屋敷地、諸施設の位置関係が、城の機能と意義を考えるにあたってとても重要な要素となる。

いくつかの道のうちでも南面の谷筋にある道は、現在も「大手道」と称されている安土城の玄関口にあたる重要な道である。新たな安土城の解明の糸口は、この大手道と呼ばれている道の発掘調査からはじまったのである。

調査前の大手道の姿

大手口道跡。通称「大手道」と呼ばれているこの道は、安土山の南面谷筋に築かれている。道は以前から天主へ向かう登山道として見学者に利用されていた。発掘調査が実施されるまでは、幅約三メートルの細い階段道が、山の斜面を麓から山頂に向かって続いていた。近年まで、この道は信長が登った道として、安土城を紹介する写真として説明されるほどもっともよく城の雰囲気を残した道であった（図7）。

しかし、今はまったくその面影はない。一九八九年以前の道はつぎのような姿であった。自然の石を用いて隙間なくつくられた階段石と縁石は、右に左にとくねりながら山頂へと向かっていた。階段の両側には、大きなカエデの木が等間隔に植えられており、少しの空閑地をおいてところどころの山の斜面地に石垣が認められるくらいで、その奥は人を拒むようにうっそうと木々が生い茂っており、足下にはシダやシャガが群生していた。

この景観こそが、在りし日に信長が築城したそのものの城の姿として理解していた景観であった。しかし、この景観は後世につくり上げられたものだったのである。

一八八九年から五年の年月をかけて実施された発掘調査がそのことを証明した。この景観は一九三〇、三一年当時に、国有林を伐採し木を運搬するための道を階段に改修したものだった。そして発掘調査により、現況の石段の下から築城当時の階段を発見した。

残念なことに、当時よかれと思い整備された階段工事は、築城当時の大手道のほとんどすべてを破壊してしまうという悲しい結果に終わっていたのである。しかし、幸いなことに既存道の幅が三メートルと狭かったために、破壊からまぬがれた部分もあった。そのおかげで当時の大手道の全貌を知ることができた。

大手道を探す

それでは大手道の発掘調査の成果についてみてみよう。調査では幸いなこ

図７●発掘調査前の大手道

図 8 ● **発掘調査中の大手道**
江戸時代に築かれた石垣や現道の下から、当時の大手道が発見されている。大手道の迫力ある姿である。

とに、現道の両脇に破壊からまぬがれた部分が残っていた。植えられていたカエデを伐採し、落石を取り除いていくと、その下に築城当時の道が発見されたのである（図８）。

当時の道幅は路肩幅で約六メートルを超えることがわかった。また、その両側には幅約一メートル、深さ約〇・六メートルの側溝が敷設されていることもわかった。

残念ながら、中央の階段部分の多くはすでに破壊されていた。しかし幸いなことに、ところどころに階段石が遺《のこ》っていたため、当時の石段の正確な位置が判明した。それにより階段位置の復元が可能となり、欠失部分に新たな石をはめ込み、現在の復元整備された大手道ができた。

また、気をつけて石段を見ていると、石段に据えられた石に、石仏が使われているところがあることがわかる（図９）。ここだけではなく安土城の石垣や階段には石材として多くの石仏が使用されている。現在のわれわれの感覚からすれば、こういうことをすれば祟《たた》られるのではないかと思うが、当時は城や石垣に墓石、石造品を転用して使うことは、安土城だけに限らずよくおこなわれる事であった。当時の人にとっては無縁となった石仏や石造品は石材にしかすぎなかったのである。安土城に石仏が使われていることだけを取り上

図９●大手道から発掘された石仏

Ⓐ**発掘前の大手道**
江戸時代末期の火災によって摠見寺が本堂を移した際に、大手道の一部を埋め立て石垣を築いた。そのため大手道は石垣を大きく迂回する形になっていた。

Ⓑ**発掘中の大手道**
発掘調査により、当初の大手道は両側の側溝も含めた道幅が 9m と広く、入口の大手口から直線的に 180m 進むという、他の城郭には見られない構造であることが判明した。

Ⓒ**整備後の大手道**
発掘調査で検出した石や同質の石材で石段部分や道の両側の石塁・溝を復元し、石垣も必要な部分のみ積み直しをおこなっている。

Ⓓ**築城時の大手道**
郭群の発掘調査により、大手道の両側には屋敷が建ち並んでいたことが判明した。

図10●発掘調査でわかった大手道の変遷（安土城考古博物館展示）

げて、信長の不信心や宗教弾圧を云々することがよくあるが、これは現代人が信長を悪人に仕立て上げるためにつくり上げた幻想と考えるべきであろう。

さて、さらに道の両側には幅三メートル、高さ三メートルを超える石塁が立ち上がり、その塀の内に屋敷地が広がっていたことがわかった。道と屋敷の境には石垣の高い壁がそそり立っていたのである。現況では天端石のすべてが崩れてしまっているので、大手道から屋敷の中が見えるようになってしまっている。この部分については、当時の状況を復元することが不可能であるため、現在も崩れたままにし、発見された石垣をはじめとする遺構は、当時の姿のままで整備している。

おそらく築城当時の景観は、高い石垣と塀によってさえぎられた谷底のような中を長い石段道が続いていき、出土した瓦の状況からみると、塀の上には金箔瓦《きんぱくがわら》が葺《ふ》かれていたと考えられているので、見上げるとまぶしく輝く道であったに違いない（図10）。

大手道の謎

さて、つぎに大手道調査の結果、新たな問題点が二つもち上がったことにふれなければならない。まず一つは、この道が文書などの記録のどこにも認められないという点である。二つめは、発見された道の規模とルートである。

本来であれば、大手道は城の登城道として中心的役割をはたすものである。したがって、近世では城下町から大手門に通じ天主に向かうメインロードの役割をもっている。しかし、安土城では当時の記録や後世の伝承を含めて、大手道に関する記録が一切認められないのである。そのため、明確なルートも規模も、実はこれまでまったく不明であった。

　ではまず、そのルートである（図6、11）。発掘調査では、道は麓の城の外郭《がいかく》ラインを示す高石垣の位置から真っ直ぐ北に約一三〇メートル直線で登ることが判明している。本来であれば城は、敵の侵入を防ぐために城内の道は幾重にも屈曲させるのが常套手段である。しかし、安土城の大手道の直線部は幅が六メートルもあり、広く長く直線であることが発見当時話題を呼んだ。この威風堂々とした玄関構えこそが信長の威厳と意志をあらわしているととらえられた。

　さらに天正四年段階では近隣に敵らし

図11● 主郭部と城内道

い敵が存在せず、城が攻め落とされる危険性がないからだとも考えられた。しかし、問題はそう単純ではなかった。このことについては後述することにしよう。それを解決するためには、まずは道の行方である。

道は、大手門の位置から一三〇メートルほど真っ直ぐに真北に登った後、中腹あたりで約三〇メートル西に横進することがわかっている。調査以前は、このあたりは山の急斜面であり、到底、道などはないような場所であった。調査では、その斜面の三メートルほど下から道が発見された。

そこから道はさらに山の斜面をつづら折に登っていき、本丸を取り巻く周回路と合流した。中腹あたりで折れ曲がる理由としては、信長の居城に近づくので防御のために登りにくくしてあるのだとする考え方と、山の地形がこのあたりから角度が変わりより険しくなることから、直線的な道をつくることができないのだとする考え方ができる。いずれにせよ道はそこから本丸周回路に合流することがわかったのである。

しかし、その後の大手道のルートはまったくつかめなかった。発掘調査が進むまで山道は、山間の茂みをたどりながら伝黒金門跡《でんくろがねもんあと》へと登っていった。調査でも、築城当時の道は現道と重なるルートをたどりながら伝黒金門跡へ続くと確信していたが、結果はまったく別のものであった。伝大手口道の正式なルートは、黒金門にはつながっていなかったのである。

天主から見て南正面にあたる大手道は、じつは伝黒金門跡にはたどり着かなかった。道の終着は本丸周回路であったのである。その後、道はそのまま東にまわり込み、本丸南虎口《こぐち》門へと向かっていた。この道は信長の居城部の裾をぐるりと一周できるようになっている本丸のための周回路である。これまで、伝大手道跡の終着点が伝黒金門跡であり、そこが本丸の正門とされてきたが、大手道がその門に直接とりつかないことが判明したため、城の正面性や伝黒金門の性格自身を見直さなければならない結果となった。

なぜなのであろうか。実はこれこそが大手道の規模とルートの本来の重要な意味を物語っていたのである。本丸や天主の調査とあわせて、大手道の規模と形状、ルートからその意義を見直さなければならなくなった。

結論をさらに後まわしにして、つぎに大手道以外の城内の道について先に考えておきたい。

家臣の道と物資の道

大手道以外にも、山中にはいくつかの道がある。大手道との対比で、ここでは機能の違う伝百々橋《でんどどばし》

図 12 ● 伝百々橋口道郭虎口
伝百々橋口道は家臣や町衆が城の出入りに使用した、山下町と城をつなぐ道。
発掘調査により、現道の石段道とまったく重複することが確認されている。

口跡《くちあと》（百々橋口道《どどばしくちみち》）について説明したい。

　通称、百々橋口道と呼ばれている道は、安土山の山頂から張り出した西尾根にある尾根道である（図11）。この道については当時の記録が残っている。『信長公記』によると、正月に信長への挨拶のため百々橋を渡り、この道から信長の御殿へ向かった家臣たちを一目見ようと集まった群衆が、道の石塁を壊し死人がでたことが記されている。この記事から家臣団の多くが山下町に住んでいること、家臣も町衆もこの道から城に入り登城していたことがわかる。

　さらに、天主・本丸御殿が完成したときに信長が家臣たちにお披露目をしているが、その記事にも各国の衆や家来たちがこの道を上り登城している様子が語られている。家臣たちや町民が登城していること、城下町に直結していることを考えると、まさにこれが本来の大手道と考えられる。このように伝百々橋口道は唯一山下

図 13 ● 山腹部の搦手道の様子
城の北東面の谷に位置し、4ｍの幅の道がジグザグに山の斜面に設置されていた。

町と山城をつなぐ重要な道であることがわかるのである。

さて、発掘調査で明らかになった伝百々橋口道は、現道の石段道とまったく重複することが確認されている（図12）。一つのルートは山下町から摠見寺を通り抜け、大手道とT字に突き当たり本丸周回路につながり、もう一つは摠見寺の裏を抜け黒金門へとつながっていることが判明した。また、道の両側に位置する郭の発掘調査から、天正期から江戸時代にかけて使用されていたことを示す遺構や遺物が発見されており、築城期から江戸時代末の摠見寺の終焉にかけて、道がずっと機能していた様子が認められた。これらのことから、大手道よりはるかに城に密着した日常感、生活感のある道であることがうかがえたのである。

これと対照的な道として伝《でん》搦《からめ》手《て》道《みち》、通称台所道と呼ばれている道がある。この道は城の北

図 14 ● 搦手道の最上部にある井戸郭
搦手道は山裾で内湖につながっていたようで、物資運搬のための道と考えられる。

東面の谷に位置する道である（図11）。天主から見て北裏にあたるので、大手に対して搦手という位置づけで近年まで考えられてきた道である。

一九九六年から三年間実施された発掘調査の結果では、四メートルの幅の道がジグザグに山の斜面に設置されていたことが判明している（図13）。道の最上部では、本丸用の大きな井戸郭とそれを管理する郭が発見されている（図14）。道は、山裾では内湖につながっていたようである。発掘調査では、浚渫《しゅんせつ》された航路中から在郷から納められた米の荷札が発見されている（図15）。これらのことからこの道は、城の裏方、生活を支えるような物資運搬のための道であったことが考えられるのである。

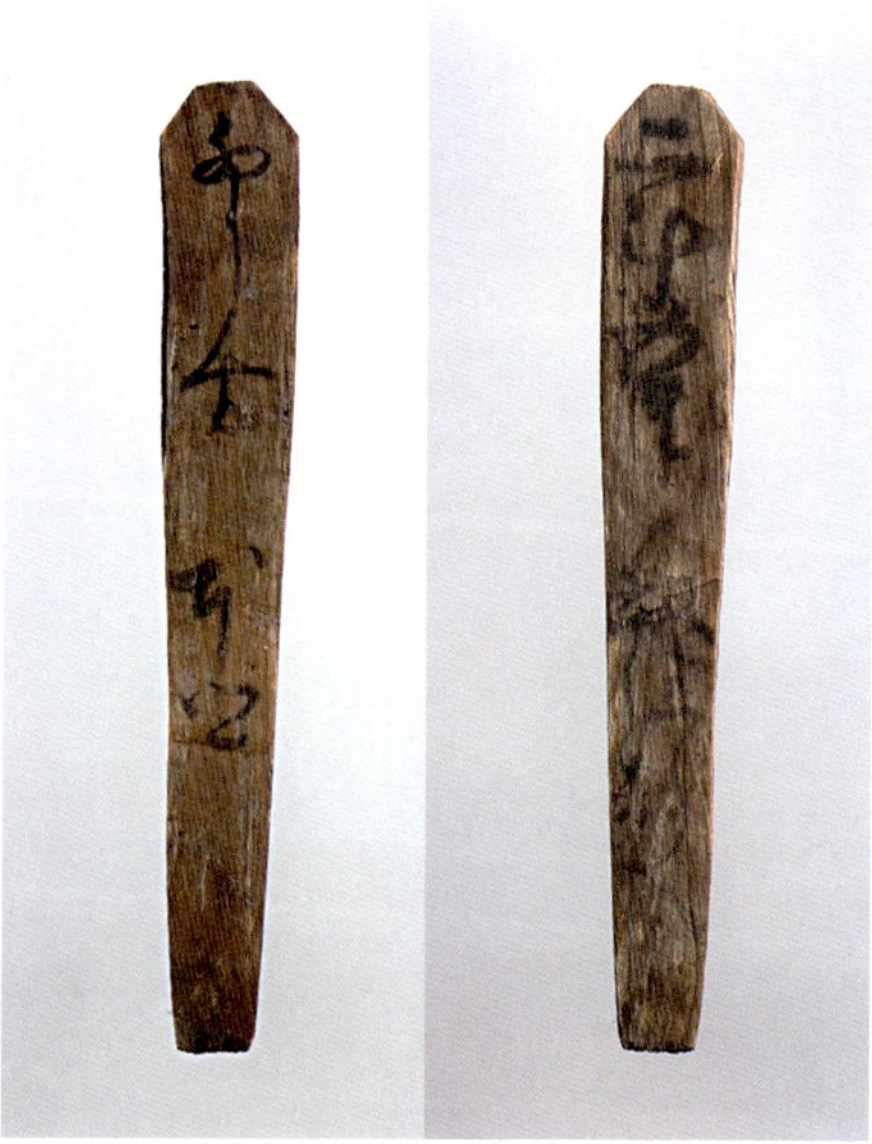

図15●搦手口で出土した木簡
米の量や産地が書かれており、搦手道から食糧を運び込んでいたことを示している。

本丸をめぐる道

それではここで、城として重要な道である本丸周回路と便宜上呼んでいる、新たに発見された道を考えてみたい。この道はこれまで城の中ではあまり重要視されていなかった。というのも、記録もなく、これまで道として認識されていなかったからである。しかし、発掘調査が進み安土城の構造が明らかになるにつれ、その重要度が理解されはじめ、しだいに調査研究のなかでクローズアップされてきた。

道は、信長居城部である本丸外郭ラインを築く高石垣の裾をめぐるようにつくられている。一部、まだその正確なルートとして発掘調査は実施していないが、おおよそのルートはつぎのとおりである。

道は、山下町から登ってきた道と伝大手道口から登ってきた道が伝織田信忠《のぶただ》邸跡の前で合流する地点からはじまる（図11）。そこから時計と反対まわりに本丸の南虎口に向かう。そして、そのまま伝三の丸裾の切り通し道を通り、伝搦手口道へと向かう。その後、本丸の北の裾をまわった後は、黒金門の前に出てきて、ふたたび元の南の裾の位置に戻ってくるのである。

このように山頂部の城の中を通らずに、ぐるっと本丸の外を周回できるのがこの道の最大の特徴である。そして山の斜面に放射状に伸びるすべての道がこの周回路につながっている。さながら地方から都心に向かうすべての道が首都高速につながる環状線のように、安土山内にある道は本丸周回路へと向かっていたのである。

第2章　麓の屋敷群を掘る

屋敷地という通説

それではつぎに、信長の居城部より麓に広がっている屋敷地の調査について考えてみたい。これまでの発掘調査で、とくに伝大手口道の道筋に広がる屋敷地が重点的に調査されている。屋敷地の調査の結果を考えるうえでもっとも大切なことは、今使われている屋敷地の名前は絵図や伝承からつけられたもので、何の根拠もないということである。家臣の屋敷であるという先入観から調査結果を理解しはじめると、その理解を誤るかもしれない。

調査により解明しなければならないことは、屋敷の構造と性格である。ここでは何がどういう形で発見されたのかに重点をおき、物事の理解をより深めていきたいと考えている。安土城を考えるうえでどこに問題があるのかが重要である。はたして、これらの屋敷地は伝承のとおり家臣団の屋敷だったのか、否か。

一九八九年以来、伝羽柴秀吉邸跡や伝前田利家邸跡など、いくつかの屋敷地が発掘調査されている（図16）。おのおのの郭《くるわ》では、大手道《おおてみち》から櫓門《やぐらもん》や高麗門《こうらいもん》をくぐり、屋敷地に入る構造がわかっている。屋敷は、いくつかの小さな郭で構成されていて、そのおのおのが屋敷内の階段道でつなげられていた。郭の一つずつには礎石建ちの大きな建物が発見されている。それでは特徴的な二つの屋敷地の発掘調査の結果をみていきたい。

伝羽柴秀吉邸跡を掘る

一九八九年度から発掘調査が進められてきた伝羽柴秀吉邸跡は、性格が大きく違う上・下段二段の区域で構成されていることがわかった。最下段の空間に

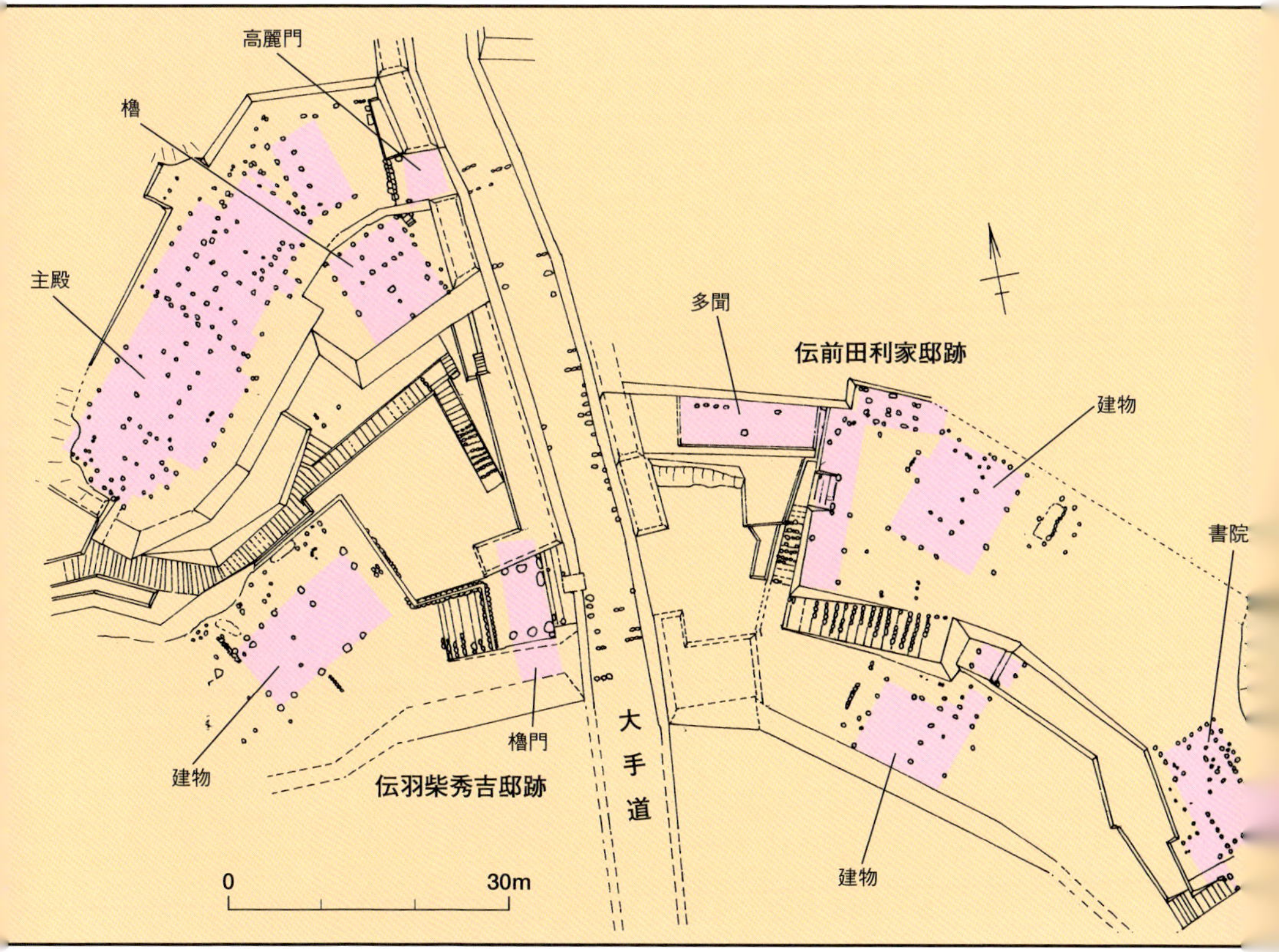

図16● 伝羽柴秀吉邸跡・伝前田利家邸跡平面図
中央の大手道をはさんで左手の郭が伝羽柴秀吉邸跡、右手が伝前田利家邸跡。いずれも大手道から櫓門や高麗門をくぐり、屋敷地に入る構造で、郭の中はいくつかの小さな郭で構成され、大きな建物の礎石が発見されている。

は、伝大手道跡から屋敷地に入る門（図17）と、門内の屋敷の前庭部の空間に建物が発見されている。建築担当者の復元では厩《うまや》と想定されている建物跡が発見されている。

また、最上段の郭の入口は、櫓門からさらに大手道を北に登ったところにあり、大手道から左折して入る。虎口《こぐち》は礎石の配置からみて高麗門と考えられている。門内の左手には洗い場と考えられる石桝《いします》と石組み排水があり、水利施設と考えられている。門から見て一番手前の平坦地には一棟の礎石群が発見されている。

また、左手の一段低い郭は櫓と推定されている。さらに、その奥の最大面積を誇る最上段の郭からは、郭全体に広がる礎石群が発見されている。推定復元では、書院造りの武家住宅の主殿のような御殿が想定されている。建物としては当時の洛中に認められるような武家屋敷の形式を踏襲したものとして評価されており、城内

図17 ● 平面整備後の伝羽柴秀吉邸跡の櫓門跡

で発見された屋敷群としては戦国期の城における城内屋敷の形態がわかるもっとも資料的価値の高いものとして評価されている。

伝前田利家邸跡を掘る

伝羽柴秀吉邸跡の大手道を挟んで向かい側に位置する伝前田利家邸屋敷地では、伝羽柴秀吉邸跡と酷似した建物配置をもった屋敷が発見されている。屋敷地は最上段から最下段まで三段の郭で構成されており、おのおのの郭が階段でつながり、関連性をもって一つの大きな屋敷地を構成していた。

屋敷の門内は内枡形《うちますがた》になっており、武者溜りや櫓台《やぐらだい》、蔀《しとみ》の石垣で守られた道など、防御性の高い構造になっていた（図18）。上段の西面上では門にともなう礎石が検出されている。この建物は平面形態から多聞になる可能性がある。

さらに、郭には伝羽柴秀吉邸跡と同じように、

図18 ● 伝前田利家邸跡の虎口

三棟の用途の違う建物が一つの郭に建てられていた様子がわかった。枡形の南西隅の奥には二段の帯郭《おびくるわ》がまわっていて、下段の帯郭には東西五間×南北四間の礎石建物が検出されている。復元では厩として推定復元されているが、位置から見て城の南前面や枡形虎口空間を守る兵のための建物としたほうがよいであろう。

また、この建物の奥にはさらに空間が続き、未発掘の郭と上段郭に登る奥向きの階段がとりついていた。階段はとても急であるが、各郭が尻続きにつながっていて、奥から中段武者走り、上段郭へと登れるようになっていた。おそらく、これは屋敷内に攻め込まれたときに、おのおのの郭間を敵に気づかれずに行き来するためのものと考えられる。屋敷に備えられた防御的な機能であると考えられる。

このように伝前田利家邸も、伝羽柴秀吉邸と同じように、その構造は内部空間の複雑さからも防御性の高い様子がよくうかがえるものであった。これらの構造からみれば、実はこれは単に屋敷の姿を示しているのではなく、城としての必要な機能を示す重要な要素をもっていたといえる。

屋敷かどうか？　疑問は残る

このように見ると、中腹より麓の山の斜面には、いくつもの建物を備えた防御的な屋敷が数多く配されていたことがわかる。しかし、これらの屋敷地が伝承の名称どおり各武将屋敷であるという証拠はどこにもない。発掘調査でも建物の持ち主を特定できるような資料は何一つ発見されていないからである。残念ながら、天正一〇年に羽柴秀吉の家は城下に建設されている。秀吉の家の前に前田利家が住んでいたという状況も後世の作り事と言うほかはない。

では、発見された屋敷地の礎石群から考えられる郭群はどう理解すればよいのであろうか。まず、安土山全体が信長にとっての重要な城と考えなければならないことである。記録では秀吉をはじめとする重臣たちはすべて城下町に住んでいるので、この屋敷地と建物が家臣団のものではないとするならば、これらの建物は別の用途をもつ城郭諸施設であるとしなければならないであろう。つまり、大手道両側の伝羽柴秀吉邸跡とか伝前田利家邸跡とか呼ばれている屋敷地は大手道の性格から考えて、来客用の接待場か迎賓館のような施設として考えなければならない可能性がある。

このように、これらの屋敷地が家臣団屋敷なのか、信長のための城郭施設なのかはいまも決着がついていない。

第3章　安土山と山下町

「安土山」という城

「天正七年　江洲安土御山にて御越年なされ訖。歴々の御衆、摂衆伊丹表数ヶ所の御付城各々御在番の儀に付いて、御出仕これなし。正月五日、九鬼右馬允堺の津より罷上り、安土御山にて年頭の御礼申上ぐるの処…」（『信長公記』）

天主が完成した一五七九年（天正七）の正月の記事である。新年を安土で迎えた信長は、訪れる人びとの年頭の挨拶を城ですませていた。その様子はまさしく信長の居城を示す。

公的に信長の生涯を記した『信長公記』には、「安土山御天主の次第」をはじめとして、記載されている九カ所には「安土城」という表記は認められない。実は信長の居城は、すべて「安土山」という表記で登場してくるのである。当時、どういう発音で呼んでいたかは定かではないが、当時の人びとはみな、城のある山そのものを指して「安土山」と呼び、それを城として認識していたのである。

このことは、さらにつぎの資料からもうかがえる。当時日本に来訪していた宣教師たちの書き残した、フロイスの『日本史』や『イエズス会士日本年報』にも「Anzuchiyama」と表記されているからである。もちろん日葡《にっぽ》辞書にもそうある。つまり、当時城は、われわれが呼びならわしているような「安土城」ではなく「安土山」と呼ばれていたのである。

ではなぜ、彼らは「安土城」ではなく「安土山」と呼んでいたのであろうか。じつはそこに安土城を理解するうえで大切な意味があった。「安土城」というのは、近世以降の城の呼び方である。そして、そう呼んでいるのは、われわれ現代人であった。

中世以降発達してきた山城は、もともと戦闘が目的であり住まいと分離していた。基本的に生活の基盤は麓にあり、そこに御屋形（御館）があり、背後の山に臨戦時に立て籠る城があるというのが一般的なスタイルであった。したがって、彼らの意識では城＝山であった。

信長が死に豊臣秀吉が政権を獲って以降、城づくりの意識は山から平地へと向かった。戦闘がなくなり安定した世の中では、狭く険しい山よりも広く安定した平野のほうが、城づくりが楽であり、生活に利があるという考え方からであった。

山城が平地に降りた平城では城主の住まいは天守ではない場所にあり、城の外にあることもない。城と館を遠く離した距離感としてはいないのである。江戸時代には山にある城が城ではなくなり、居住を含めた政治の場としての城となったからである。

このように「安土城」ではなく「安土山」と呼ぶことが歴史的に正しく、当時の人びとが城や館、町をどのように理解していたのかを知ることができるとても重要な事柄が含まれているのである。

「山下町」と都市「安土」

このように、当時の人びとは「安土城」のことを「安土山」と呼んでいたわけであるが、実は信長の持ち物は城だけではなかった。それはもう一つ「安土」という言葉の使い方から理解できる。『信長公記』に出てくる五二カ所の「安土」の項目がそれを物語っている。

初出は一五七六年（天正四）の正月の項である。「二月廿三日、安土に至って信長御座を移させられ…」とある。これは信長が岐阜から移転したときの記事である。不思議なことに安土城の築城の指令を出したときに、信長はまだ何もない町「安土」に御座を移しているのである。そして、それ以降の記載において、「安土」という言葉は信長に対してだけに使っている。その表記の仕方も「安土に至って御帰城」や「安土御帰城」というように、さも信長の家のような表記の仕方である。つまり、狭義には信長の城は「安土山」であるが、広義には信長が支配し所有し、彼が帰着すべき場所として、城「安土山」を含んだ都市「安土」として呼び理解していたのである。つまり、当時の人びとは、「安土」に彼の城である安土山と城下町が含まれていたことを認識していたのである。

ところで、「安土城下町」という言葉も、じつは近世的な用語である。平地のような平らなところで城の前に町があれば「城下町」でよいかもしれないが、説明したとおり戦国時代にあっては城は山にあった。したがって、町は山の下にあるのが普通である。今われわれは城の

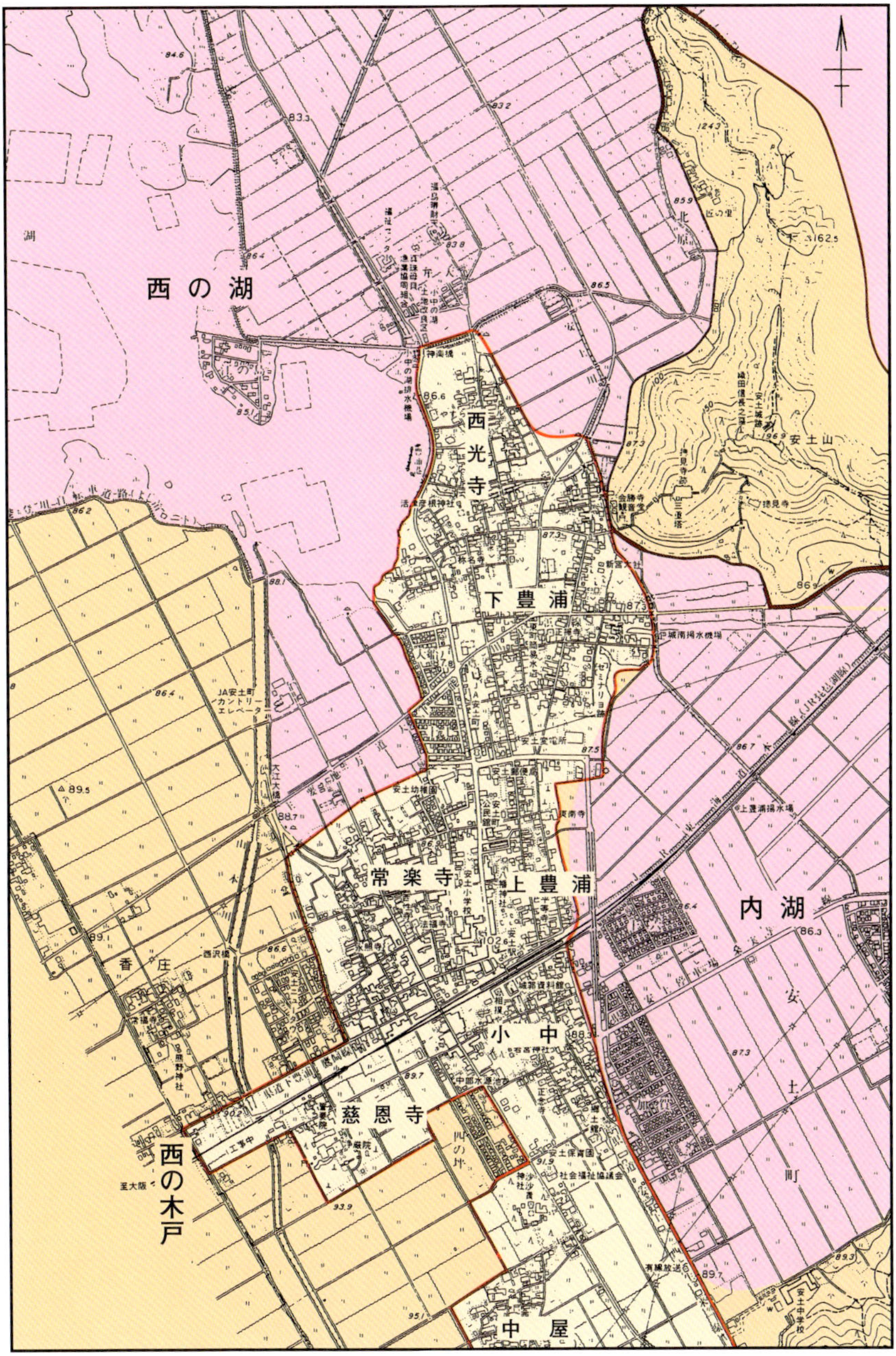

図 19 ● **安土山の南西麓にひろがる山下町**（中世の豊浦庄と佐々木庄が下敷きになっている）

ある町を「安土城下町」と呼んでいるが、当時の記録では、必ずしもこれらの「〜町」という使い方自体、当時に使用されていたそのものの呼び方ではなかったことがわかるのである。

町に関しては、信長が町の運営のために発給した「近江安土山下町中掟書」（図20）の字を見るとすぐに理解できるであろう。彼らは「安土山下町」と呼んでいたのである。これは安土山の下にある町という意味であり、町の名前が城のある安土山となっている。

古い町を新しい町へ

さて、つぎの問題はこの信長が築いた町である。実は「安土山下町」は、それまでの更地に築かれたまったく新しい町、今でいうニュータウンのような町として理解している方が多いのではないであろうか。しかし、実際はそうではない。現在、信長が山下町を築いたとする場所は、地名からおおよそ現在の下豊浦《しもとようら》から西へ慈恩寺《じおんじ》あたりまであるとされている。また、南北は中屋《なかや》から西光《さいこう》

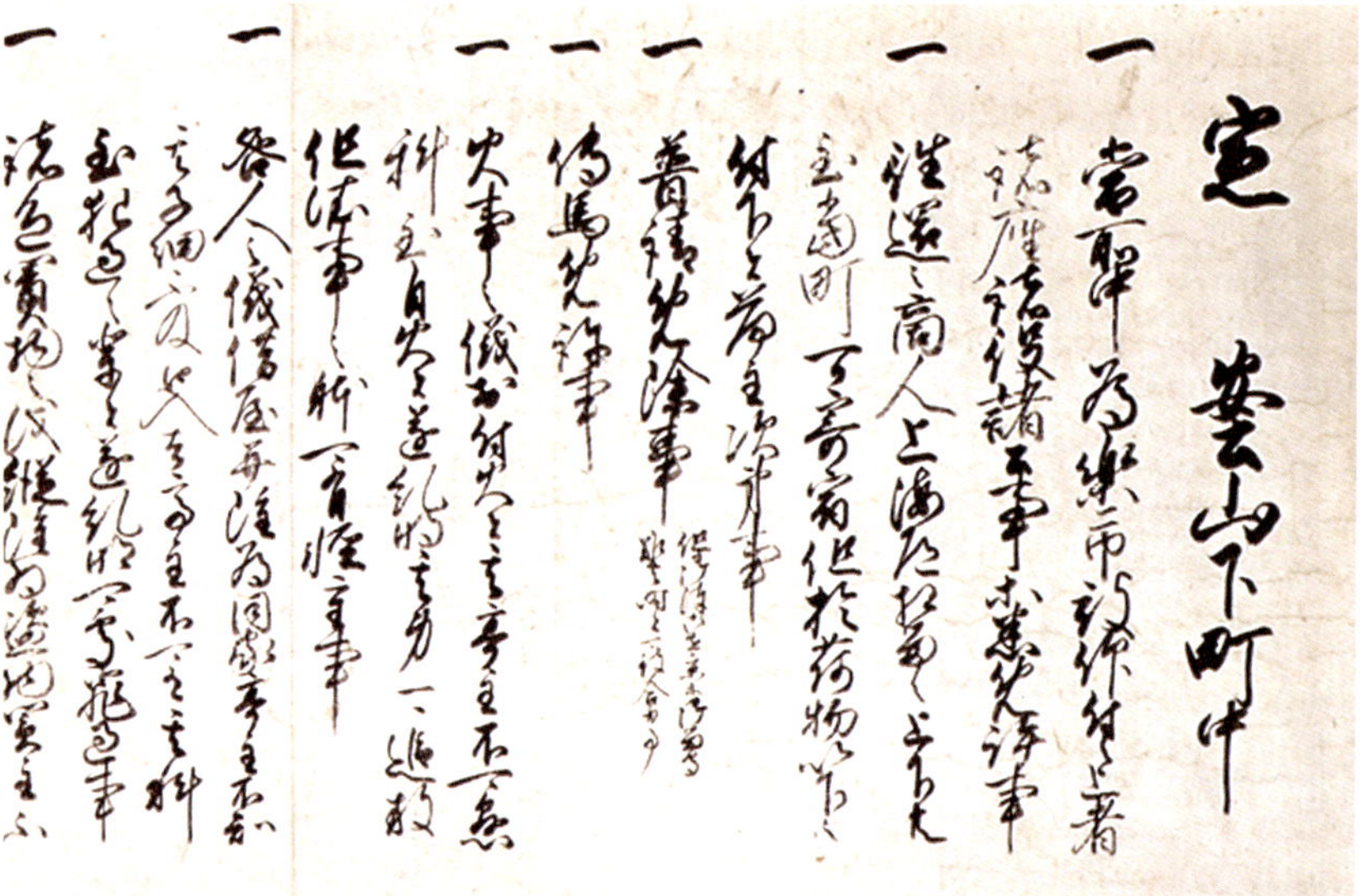

図20 ●「近江安土山下町中掟書」
右端「定」の下に「安土山下町中」の文字が見える。

寺《じ》あたりと考えられている。

これらの地域には、山下町が建設される直前までに二つの大きな中世の集落が存在していた。その一つは豊浦庄で、もう一つが佐々木庄である。このうち豊浦庄は、古くは聖武天皇の時代から薬師寺の荘園として組み入れられてきたもので、古代、中世を通じて薬師寺別当《べっとう》興福寺が管理をおこなってきた荘園集落である。また、佐々木庄は近江守護・佐々木氏の所領であったもので、場所は慈恩寺、常楽寺、中屋、小中《こなか》を中心とする地域である。ここには佐々木氏ゆかりの沙々貴《ささき》神社や菩提寺である慈恩寺や金剛寺があった。また、ここを治めていた六角氏被官《ひかん》木村氏の居城木村城があった。

近江における中世集落は、一三世紀後半以降いっせいに成立する。幅広く深い堀で囲まれた「堀囲い集落」であることが研究の成果として広く知られている。その形態は、現在の地形からはまったくうかがい知ることができないが、発掘調査の結果とこれまでの集落研究の成果から考えると、その姿は「水の都」ベニスを思わせるようなものであったと考えられている。町中に水路をめぐらせ、そこを小舟で行き交うような景観であったことがわかっている。信長がこの地にやってくる直前までは豊浦庄も、もちろん佐々木六角氏も勢力を保持していたので、当然、このあたりの景観も水郷のような状況であったと考えて間違いがない。

そこへ、信長は突如侵攻してきたのである。土地は軍事力により容易に手に入れることができたことであろうが、町の景観はどうも彼の気に入らなかったようである。彼は、この堀を埋めて道路で区画した京のような街区のある都市をこの地につくろうとした。信長が山下町を築くにあたって真っ先におこなったことは、中世的景観の象徴であった水路をめぐらせた古い集落形態を葬り去ることであった。この行為がのち道や街区で区画整理された町をつくるための第一歩となったのである。

これまでの町内の発掘調査では、このことを示すように、山下町時代よりも古い中世の遺物と共に、埋められた堀や信長以前の集落の跡が検出されている。そして、新たに完成した町に信長は「安土山下町中掟書」を出したのである。これには町で住むための注意書きがいくつも記されている。とくに注目すべきことが第九条に書かれている。

町奉行に元六角被官の木村城の城主木村次郎左衛門尉を任命して、つぎのようなことが記された。「他国ならびに他所の族、当所に罷り越し有り付き候わば、先々より居住の者同前誰々家来来たりといへども異儀あるべからず」。つまり、かつての町の管理者であった木村氏を優遇して、新旧住民共に区別なく生活できるように配慮することで町の治安安定を図ろうとしたのである。

このように信長はすでにあった中世集落を新しい町に融合させ、リニューアルすることによって新たな町づくりをおこなったのである。これらのことから都市安土は、更地に新たに築かれたニュータウンのような建設ではなく、今でいう古い町を再生させた「都市再編整備」型の町を築いたというべきものだったのである。

第４章　信長の居城

信長の本城の調査

さて、いよいよここからは信長のための信長の城の話である。

信長の本城は、実は一九四〇、四一年にすでに一度発掘調査がなされている。また、昭和三〇年代以降に本丸周辺の石垣修理がすべて済まされている。このおかげで、今われわれは天主周辺を見学をすることができ、城跡を目の当たりにすることができる。しかし、それで城のすべてがわかったわけではなく、すべてのことが解明されたわけでもない。現在の研究からみれば、そこにはまだ数多くの課題や疑問がある。

天主に至ってはいまだその正確な形状は理解されていない。御殿跡では未調査の範囲が多く残されていて、その正しい礎石の配置図はできていなかった。二の丸、三の丸を含めた本丸の全体像も未調査部分が多くあり、わからないことが数多く残されていて、謎めいているのが現状であった。少なくとも、安土山の山頂部の高石垣の内が信長の居城であることだけは認識されていたが、その内部構造やおのおのの機能や名称については伝説のみが一人歩きしている状況で、実際のところは真実の世界を明らかにするには至ってはいなかった。

これらのことを踏まえて、疑問点の解消や現存する遺構がどの程度当時の姿をとどめているのかを解明することを目的にして、滋賀県では新たな発掘調査を実施した。これからその結果をみていくことにしたい。

発掘調査は「主要遺構確認調査」と名づけられて、一九九五年から二〇〇〇年まで六年間をかけて実施された。調査した地域は天主を中心とする地域で、本丸を東西南北の四つの地域にわけて調査している。また、一九九九年度からは五八年ぶりに伝本丸御殿跡と天主台を調査し話題を呼んだ（図21）。

いずれの発掘調査の結果も、これまでの近世城郭からみた城郭構造の理解だけでは安土城を理解できないことがわかっており、安土城の多くが伝承での理解であったことが示された結果となった。調査は安土城の奥深さをあらためて認識させられるものであった。安土城は安土城でしか解決できない唯一無二の特別な城なのである。

主郭南面の発掘調査

主郭《しゅかく》の南面部を中心とする発掘調査では、伝黒金門跡《でんくろがねもんあと》から本丸周回路を含む本丸南虎口《こぐち》の範囲で、伝黒金門跡に進入する通路と虎口を調査した（図22）。その結果、現黒金門前の石階段は昭和初期に建造されたものであることが判明し、築城当時のものではないことがわかった。

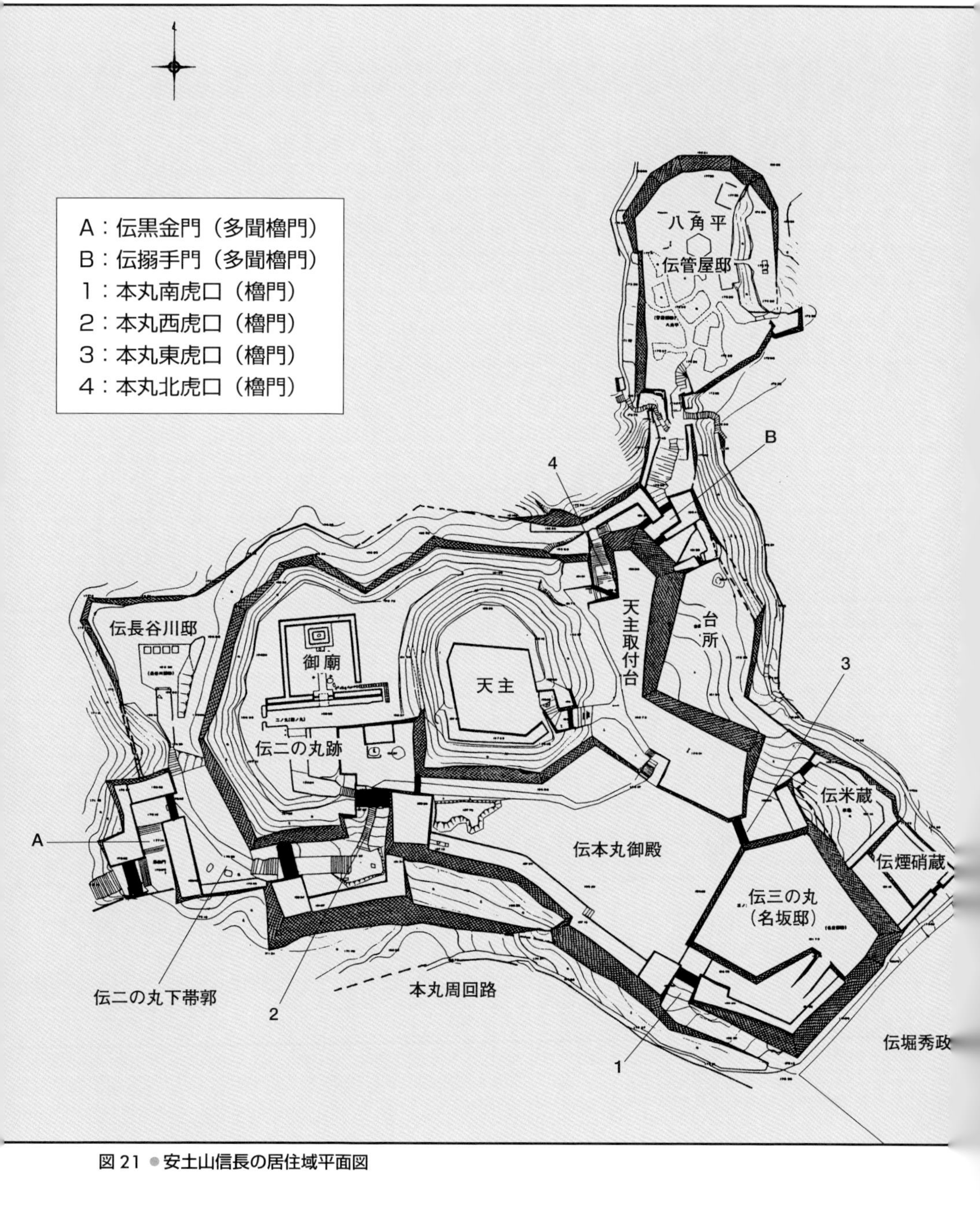

図 21 ● 安土山信長の居住域平面図

門跡の下からは焼けた瓦の堆積が発見された。これは、一五八三年（天正一一）の秀吉段階の火事場整理によるものである。黒金門は、礎石や石垣、出土遺物の被災状況から、一五八二年（天正一〇）の火災で全焼したものと考えられる。

また、新たな発見として、門の南裾下で築城当時の石垣が発見されたことにより一六八八年（貞享五）に作成された古城図と発見された石垣の方向が一致しないことがわかり、絵図が正しくないことがわかった。

さらに門進入部の階段下に踊り場が発見された。ここに本丸周回路から分岐してくる小道がとりつくことがわかり、周回路を通らずに伝黒金門跡から本丸南虎口に向かうバイパスと虎口が

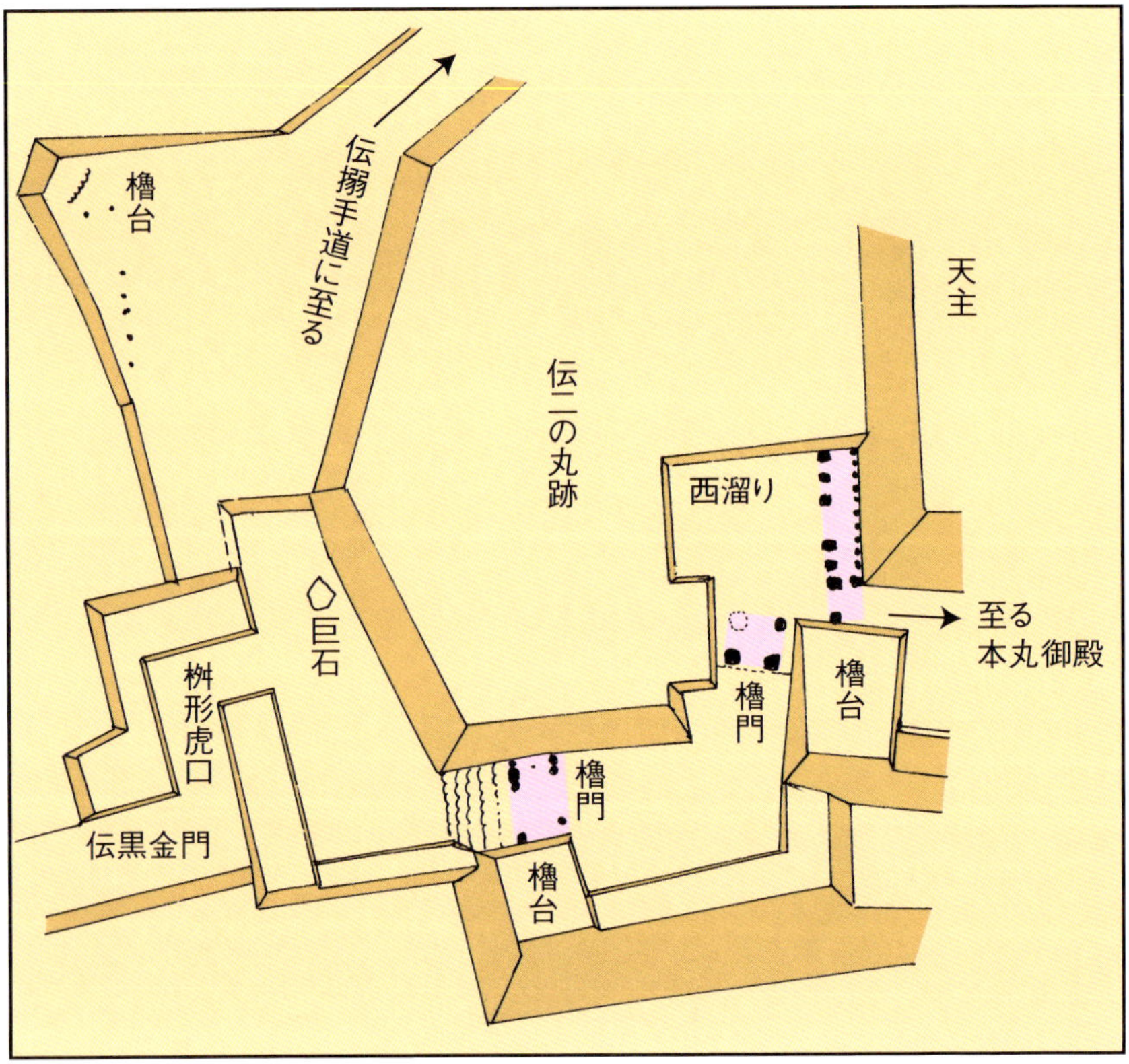

図22 ● 黒金門周辺図

交差していると考えられた。

このように、もっとも発達しているといわれ、織豊《しょくほう》期城郭の指標となっている安土城の枡形《ますがた》虎口として有名な黒金門の現況にもかなりの疑問があることがわかった。

主郭東面の発掘調査

主郭の東面部の発掘調査では、伝堀秀政邸跡と伝米蔵跡、伝煙硝蔵跡の調査が実施された。伝堀秀政邸跡では枡形虎口の門と郭内から建物の存在が確認された。

伝米蔵跡からは門跡と礎石が発見されている。とくに伝米蔵跡からは多量の焼け落ちた建物の瓦が発見されており、この中から最古の城郭鯱瓦《しゃちかわら》が発見された。

伝煙硝蔵跡の調査では、蔵を囲う石垣が昭和の積み直しであることが確認され、郭の内部に形態ごとに一〇枚ずつ積み上げられた瓦が発見

図 23 ● **黒金門の調査**
黒金門を構成する石垣や下から周回路の一部が発見されている。

された（図24）。瓦の状況から考えて、これらは建設途中の使用瓦もしくは建築後の差し換え用のストック瓦と考えられた。ここには赤い瓦が一枚もなく、安土城に赤い瓦は使われていないことが証明された。ここは煙硝蔵ではなく、作事《さくじ》小屋もしくは物資の倉庫と理解すべきである。調査の結果、伝米蔵跡、伝煙硝蔵跡という推定には根拠がないことが確認された。

主郭西面の発掘調査

主郭の西面部の調査では、伝二の丸下帯郭《おびくるわ》、伝長谷川邸跡、本丸西虎口周辺の範囲が実施された。伝二の丸下帯郭内の郭の途中を仕切る門跡は従来高麗門と考えられていたが、礎石の配列から櫓門であることがわかった。焼けただれた状況から、この門は焼失していることもわかった。伝長谷川邸跡では、北東隅から隅櫓《すみやぐら》と考えられる礎石群が発見された。また、伝二の丸跡裾をめぐる道跡も確認された。

本丸西虎口の調査では、門が櫓門であることが確認された。また、門内の枡形から焼け落ちた建物跡が発見された。この建物は天主に接するように建てられており、半間間隔で礎石が配

図24 ● 伝煙硝蔵跡集積瓦
ていねいに形をそろえて積まれた瓦群

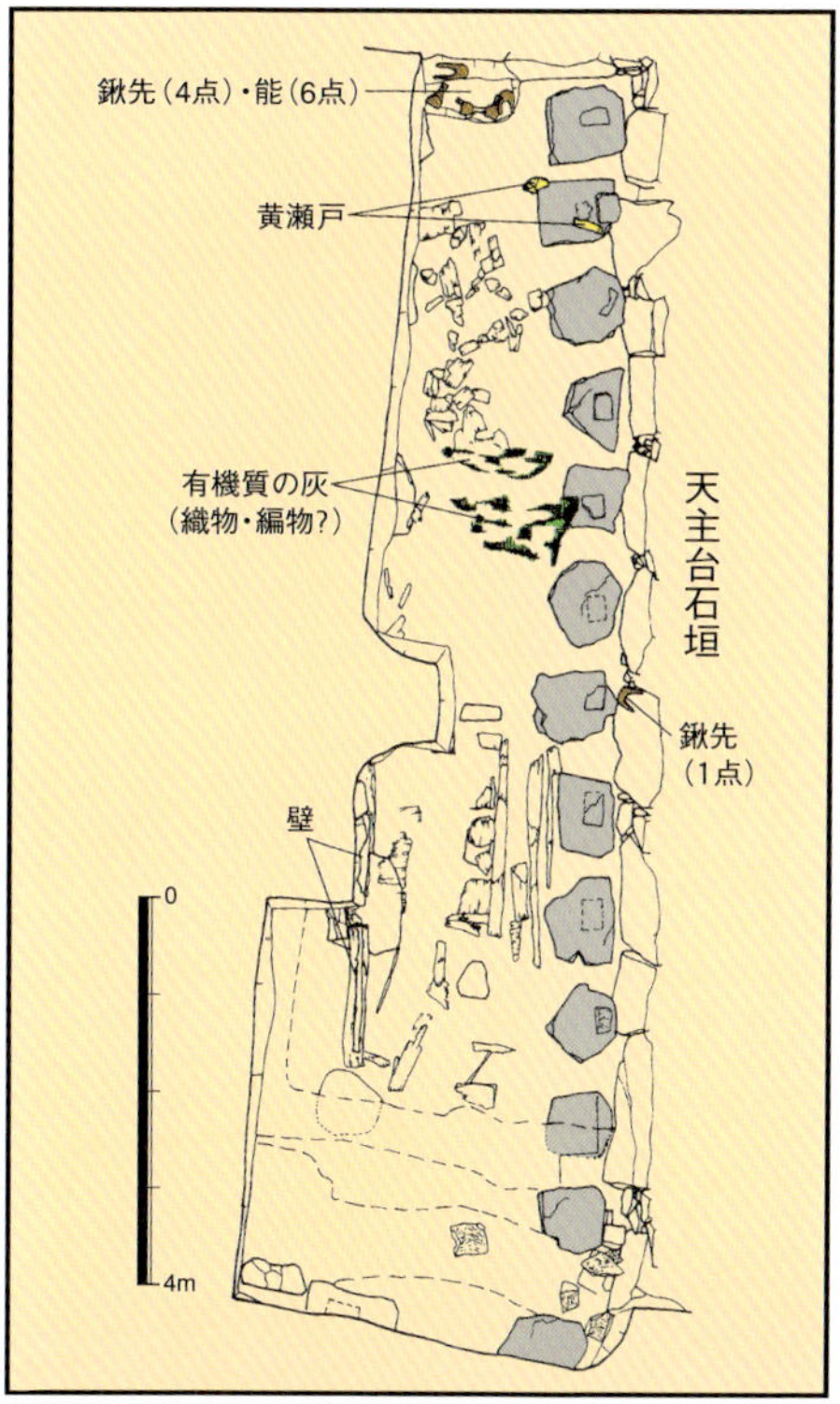

図25 ● 二の丸東溜り出土平面図
天主から崩れ落ちたとみられる大量の瓦、焼け焦げた柱の部材、壁材が出土した。

図26 ● 二の丸東溜りの焼失状況
調査中、はじめて発見された焼失建物の様子

図 27 ● 二の丸東溜り出土
の黄瀬戸

図 28 ● 二の丸東溜り出土の鉄製土工具（左：十能、右：鍬先）

置されていたのである。その内側には一間の距離をおき内壁が立っていた。礎石上からは焼け残った柱や根太材が炭化した状況で発見された（図25）。

調査範囲が全体の三分の一ということもあって、全体の正確な構造はわかっていないが、天主の南西隅にあたる部分に半間間隔で大きな寄掛柱《よせかけ》が立ててある痕跡が天主台石垣に認められたことから、この建物は天主に付随する二階建て以上の大規模な建物になると考えられる。おそらく、二階部は伝二の丸跡と同一レベルになっていたであろう。

調査地には多量の焼けた屋根瓦が焼け落ちたままの姿で堆積していた様子がうかがえ、調査開始以来はじめて天正一〇年の生々しい焼失状況を調査するという大発見になった。またここから、最古の黄瀬戸《きせと》と考えられる生け花に使用される巨大な立花用の薄端《うすばた》（図27）や十能《じゅんのう》や鋤《すき》鍬《くわ》（図28）が出土している。

主郭北面の発掘調査

主郭の北面部の発掘調査では、伝台所跡の発掘が実施された（図29）。

調査の結果では、漆喰タタキの土間と竈《かまど》跡、流し台の跡などが発見された。出土遺物のうち土器類の多くは何皿かずつ重ねられたままで、焼けて融着した姿で発見されており、食器の保管の様子がうかがえるものであった。

また、台所郭への入口は二つ発見されている。一つは、搦手門側の門の外にある枡形からの入口である。ここからは、埋門《うずみもん》を通り門を二重にくぐらなければならず、物資を運び込む外

図 29 ● 伝台所跡周辺で検出した重層構造を示す礎石と石塁
漆喰タタキの土間と竈跡、流し台の跡などが発見され、台所郭であることが証明された。

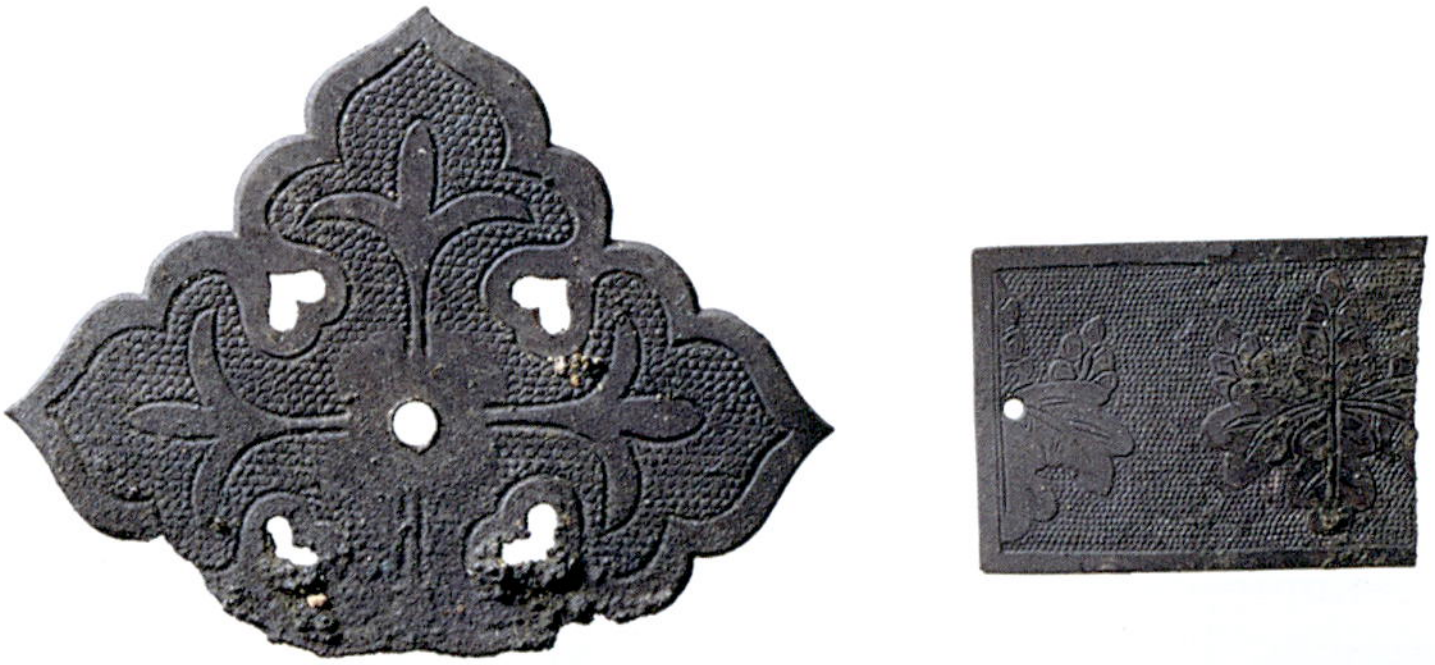

図 30 ● 伝台所跡出土の飾り金具
唐櫃などの飾り金具と考えられ、三葉紋・桐紋など精巧な文様と緻密な魚々子打、さらには金が施されている。

部からの進入を阻むため堅牢につくられていたことがわかった。もう一つは、本丸北門御殿側から櫓門を通る門である。この入口は御殿に直結しており、直接食事を御殿に運び込めるようになっている。いずれにしても台所郭は天主や御殿のはるか下に位置している建物であることがわかった。食事がかなりの距離を経て配膳されていたことがわかるものであった。

本丸御殿の発掘調査

本丸御殿跡の発掘調査では、未調査の範囲がかなりあることがわかっていたので、その部分を含めて全域が調査された。調査では建物の北端を限る礎石列、葛石《かずらいし》の確認や石組み雨落ち溝、石組み枡などが新たに発見された。また、東にあたる伝三の丸側の未調査区でも礎石列や葛石と雨落ち溝や石組み枡が発見されている。

御殿部では、これまで発見されていた礎石に加え新たに礎石が発見され、抜かれてもち去られた礎石の跡などが一つひとつ丹念に調査されて判定が進められた。これにより建物の完全な礎石配置を知ることができるようになった。これをみると、昭和に報告された御殿跡の平面図は不完全だったと言わざるをえないであろう。御殿は、礎石の配置から三棟の大きな建物で構成されていることがわかった。柱と柱の間の寸法は七尺二寸もあり、これは御所の建物と同じクラスであることもわかったのである。

藤村泉氏の復元では、秀吉の建てた御所の清涼殿に平面形態が似ていることから、信長が建てたこの行幸《ぎょうこう》御殿を模したのが秀吉の建てた御所の清涼殿とされた。巷では、清涼殿が発見されたかのような報道がなされたが、清涼殿はもともと御所に一つきりしかないものである。たとえその形が似ていたとしても、これは決して清涼殿ではない。

まだまだ御殿の復元には議論が残っている。建物の性格はさておき、ここに大規模な構造の建物が築かれていたという事実がもっとも大切であり、今後の研究にとって重要な成果となるであろう。

天主台の発掘調査

天主台の発掘調査は戦前にもおこなわれており、これまで天主の復元にあたっては、そのときの五八年前に製作された天主跡の実測図が使用されていた。しかし、これらはかなりの不備な点が認められていた。したがって、平成の発掘調査は、これらを補正し、現時点でもっとも正しい測量図を作成すること、天主台の構造や礎石の配置状況、中央のなぞの穴の解明をすることなどを目的にして実施された。

調査の結果では、まず、天主台の地下一階部の床下から、現在の地表面の直下から堅くタタキしめられた当時の遺構面が確認された。この遺構面はところどころ赤く焼けただれていて、火災の激しさを物語っていた。また、そこでは主柱となる大きな礎石以外にも、以前の図面にないような添え柱的な小さな石がいくつも発見された。これがどう使われたのかは今後の研究にゆだねられるであろう。

また、中央の穴からは新たな発見は認められなかったが、調査の状況としては掘立柱の柱穴の可能性がもっとも高いといえるであろう。さらに、天主台の物理的探査により、天主台が山頂部の岩盤を切り取り、周囲を若干盛土しながら天主台の石垣を積み上げて、穴蔵をつくり上げていることがわかった。天主台の下に蛇石が埋設されているのではという噂話も単なる憶測にすぎなかったことが証明された。

そして、これらの本丸・天主の調査と測量により本丸周辺部の正確な図面が作成された（図31）。これによりやっと天主の復元の考証が正確にはじめられるようになったのである。天主台の調査の最大の成果は、この資料を提供できたことにある。

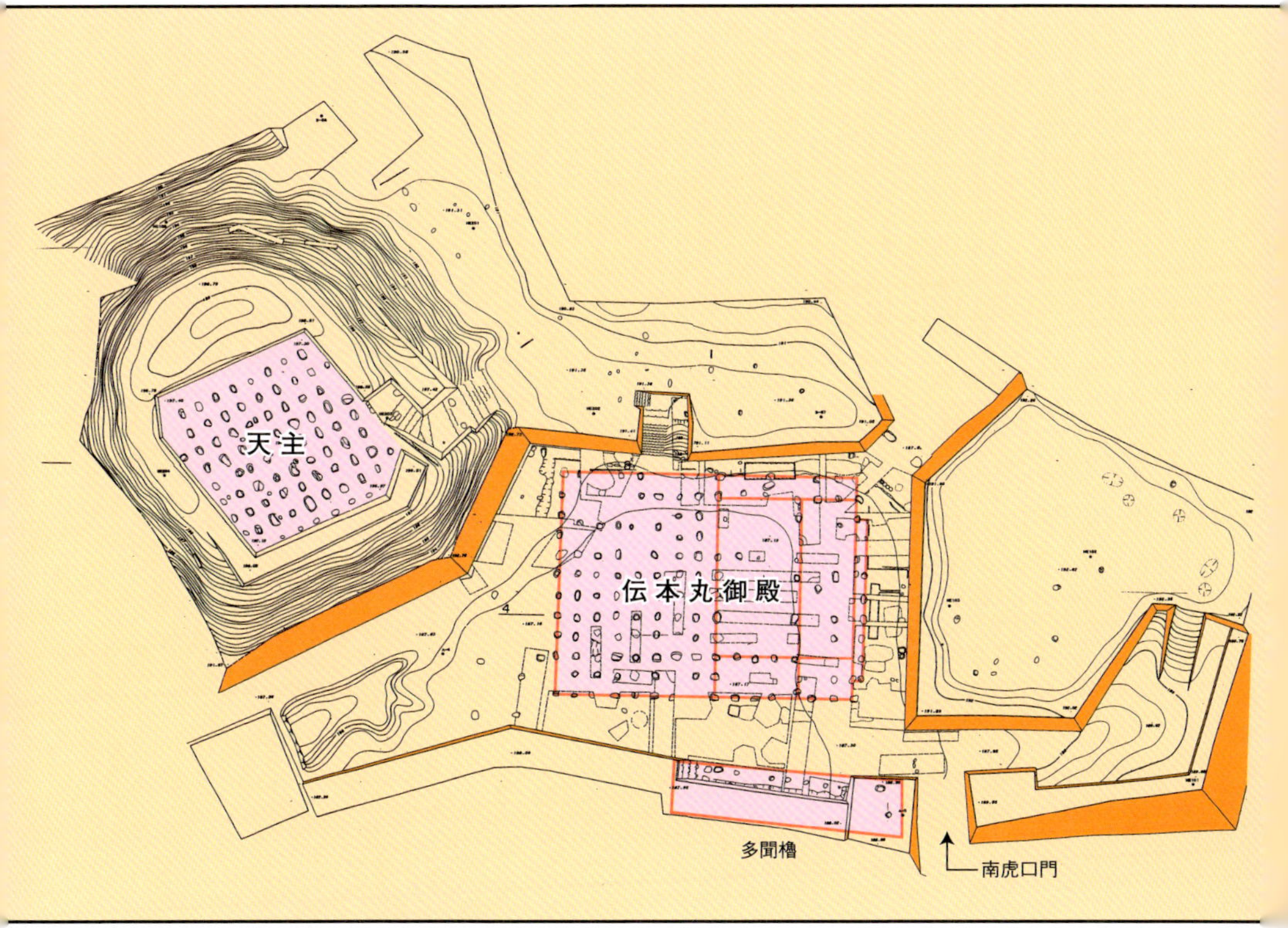

図31 ● 本丸御殿跡・天主跡平面図
はじめて本丸部の正確な図が作製された。
これにより、各々の位置関係がよくわかる。
この天主と本丸御殿の位置関係が後の近世城郭の礎となる。

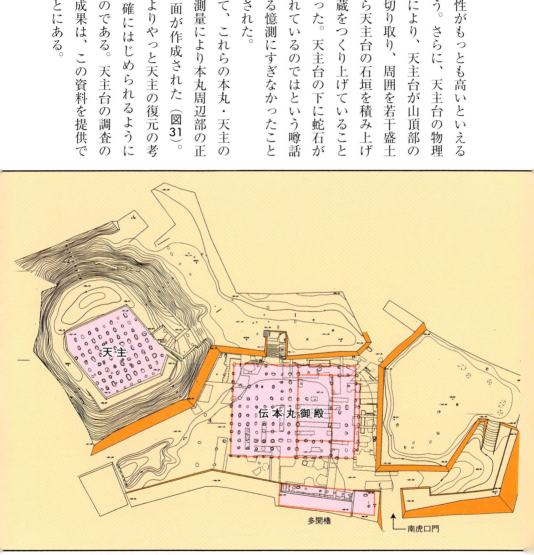

第5章　安土城の到達点

石垣を使う

城は元来、山を削り土を盛ってつくられるものである。しかし、信長は城の基礎全体に石を高く築き、その上に建物を築くということをはじめた。これは築城技術の改革という意味では一つの大きな変革点である。信長はこの技術と発想をどこで習得したのであろうか。その鍵は近江という地にある。

安土城築城直前の近江の地は、室町守護であった江南の六角氏や、かつて江北の守護であった京極氏とその家臣である浅井氏が勢力を誇っていた。彼らは近江の地で独自に城づくりを進めていた。それが小谷城、観音寺城をはじめとする城であった。信長侵攻以前から近江の地ではすでに城の一部に石垣を用いることがはじめられていた。しかし、それはまだ大規模なものではなく、小規模なものであった。

現代では石垣はさほどめずらしいものではない。しかし、中世にあっては、人の背丈ほどの石を積む（石積み）ということはできても、背丈以上に石を積み、積んだ石で隅や角をつくる（石垣）ということは、熟練した考え方と技術がなければできない難しい作業であった。

中世にこれらの技術と技術者をもっていたのは、寺院だけであった。寺院は古代以来、瓦ののった重量のある寺院の建物を支えていくため、石垣を積んでその基礎とする技術を確立していた。しかし、その技術は中世に座として特権化され、誰にでも自由に使えるものではなかった。たとえ、武士でもである。残された文献からも明白なとおり、観音寺城でも、築城にあたっては湖東三山の名刹といわれる金剛輪寺から金銭を払って石垣職人を雇い入れて築かせている。このように、たとえ守護といえども、寺院が囲っている技術者を自由に使うことはできなかったのである。

信長は近江を支配するにあたり、数々の寺院を武力で攻め落としている。歯向かわずとも従わざるを得ない寺院も多かったことであろう。信長は近江の地を占領するにあたり、これら寺院が所有していた座の特権とともに技術者を楽市楽座として解放した。結果、寺院が抱えるすべての技術者を掌握できるようになり、安土城を築城することができたのである。このように寺院の石垣を採用することができたのは、当時、信長だけであった。

建物の土台を石垣とするにはいくつかの理由がある。一つは山の中に自由な塁線を築く縄張りができることになる。もう一つは瓦をのせたような重量のある建物を築くことができる点にある。信長は寺院でつくられていた建物とこの石垣を城に導入することによって、姫路城や大坂城、熊本城のような高くそびえ立つ石垣をイメージするような城と石垣の関係を築いたのである。

穴太衆・穴太積みの幻影

さて、その石垣である。安土城の石垣は、よく「穴太積《あのうづ》み・穴太衆《あのうしゅう》」という言葉とともに語られることがある。しかし、これは安土城というブランドが生み出した幻影であることはあまり理解されていない。

その根拠としている多くの資料は、江戸時代に城郭の石垣を積んでいた技術者の家に代々伝わるとした秘伝書や彼らが「公儀穴生方」として公儀の職に就くために幕府に提出した系図などにある。そこは、技術者の名と安土城との関係が認められることをあげて、その技術が安土城にさかのぼるとしている。しかし、これらは彼らが幕府から仕事を払い下げてもらうために、先祖が安土城で仕事をしていたものとし、自分たちの先祖こそが安土城を積んだのだと宣伝し家名をあげるための行為だったと考えられている。安土城は彼らにとってのステータスであり、新しい職に就くための実績作りと履歴づくりとして使われた。とても、今風である。

たとえば、よく紹介される資料に『明良洪範《めいりょうこうはん》』という史料がある。ここには穴太が安土城の石垣を積んだという記述がある。『明良洪範』自体が一八世紀に成立した書物であり、これも残念ながら江戸時代に生まれた伝承としかいいようがない。なぜならば、本家本元である比叡山麓の近江坂本にある穴太では、たしかに延暦寺を中心とする寺院や坊に数多くある石垣が認められる。しかし、ここには安土城以前にさかのぼる石垣は認められないからである。今あるものはすべて江戸時代以降の石垣だと考えられている。また、当時の文献史料もまったくここには存在しない。また、安土城に関する資料にもそういう記載は一切認められないからである。安土城の石垣には技術の奥義も秘伝もまったくないのである。安土城と穴太積みとの接点はまったくないと言わざるをえない。

伝説化するくらい安土城の石垣はすばらしいものであったということなのであろう。

まさに、今日の「安土城の石垣＝穴太積み」というイメージは、近世になってから生み出された安土城のネームバリュウが生んだ幻影なのである。

このように考えると安土城における石垣の意義は、穴太積みや穴太衆という名前の問題ではないと考えなければならない。歴史的にもっとも大切なことは、室町時代に寺院を中心として育まれていた石垣技術に信長が着目したということである。彼のもつ権力は寺院特権として庇護されていた中世という時代から彼ら技術者を解き放つとともに、新たに再編し、集約し、そして新しい組織として組み替えたことにあるのである。その結果、名もなき石垣技術者の子孫たちは、やがて秀吉の城づくりと共に全国に派生し、江戸時代にそ

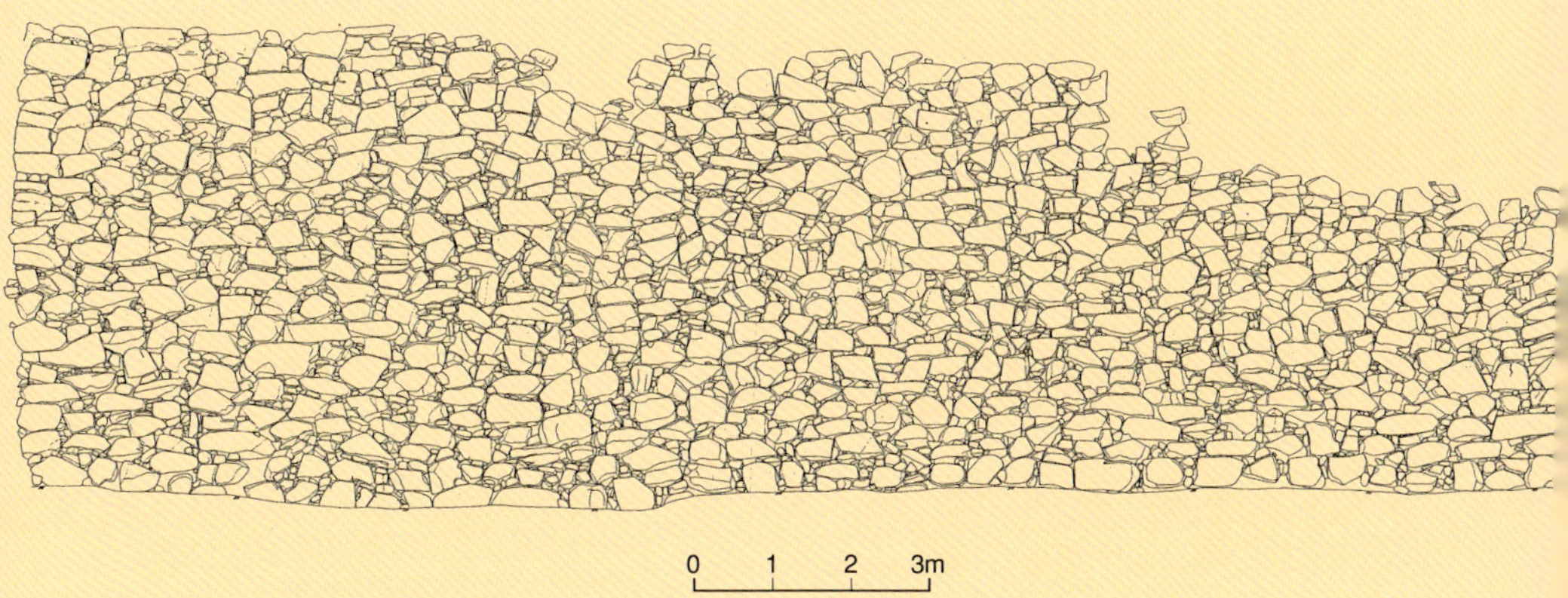

図 32 ● 安土城の石垣立面図（伝武井夕庵邸跡）

の技術が各地に定着していき、産業として開花していくことになったのである。

瓦を葺く

瓦が葺《ふ》かれた城郭の建物群は、われわれには見慣れた姿であり、ごく当然のものと感じる。しかし、その姿も実は安土城を先駆けとすることもあまり知られていない。

山城のような城郭は一時的な使用を目的としたもので、定住を目的とするような重厚な建物は基本的に必要ではなかった。室町幕府で建てられていた建物は、御殿形式、書院造のものが多く、御所や金閣寺、銀閣寺の建物に代表されるとおり、格式の高い檜皮葺《ひわだ》や柿葺《こけら》の建物であった。これらは寺院建築とは別のものである。当時の建物の屋根は、建物の用途と格式で使い分けられていた。信長は、当時のこのような常識を打ち破り、城郭のなかに寺院建築を持ち込むという大胆な発想をもって安土城を完成させ、日本の城の形を決定づけたのである。

瓦を製作する技術は古代以来、寺院が保有しつづけていた技術である。とくにこの時代にあってその中心地は、法隆寺や東大寺、興福寺の維持管理のために寺院に囲われていた藤原朝臣橘を名乗る一族、いわゆる奈良（南都）衆であった。信長は天正四年までに大和の地を征し、石垣と同じように技術者を寺院から解放した。そして、安土城のための瓦生産に向けたのである。これまで伝統的に用いられていた寺院風の瓦当《がとう》モチーフは、信長によって安土城のために新しくデザインされた。以後、このモチーフは日本全国の城に採用され席巻していくことになる。「織豊系城郭の瓦」といわれる瓦の誕生である（図33）。

輝く瓦

安土城を訪れた宣教師はつぎのような文章を本国に発している。

「最上層はすべて金色となっている。この天守は、他のすべての邸宅と同様に、我らがヨーロッパで知るかぎりのもっとも堅牢で華美な瓦で掩われている」（フロイス『日本史』第五三章）

「瓦は大きさポルトガルの瓦に等しきが、製作巧みにして外より之を見れば薔薇又は花に金を塗りたるが如し」（『イエズス会士日本通信』）

信長に招かれて安土城を見学した宣教師たちは、このように屋根瓦を見て目を奪われた。安土城の天主の屋根は金箔瓦によって金色にきらきらと輝いていたのである。これを証明するように、発掘調査では多数の金箔瓦が発見されている。

物に金箔を張るという技術は、安土城以前にも中尊寺金色堂や金閣寺にみられたが、瓦に金箔を張ることを思いついたのは信長であり、安土城が最初の

図33 ● 伝米蔵跡出土の金箔瓦
信長は瓦に金箔を張るということを思いついた。
金箔は瓦の引っ込んだ部分のみに認められる。高度な技術が要求される。

ことだったのである。

出土した金箔瓦を見ると、あらかじめ瓦に接着用の下漆を塗り、その上に金箔を張っていることがわかる。また安土城の金箔瓦は、金箔を瓦の引っ込んだ部分だけに張るという高度な技術が用いられている（図34）。全面に金箔を張るようになるのは黄金太閤と呼ばれる豊臣秀吉の時代になってからのことである。最初に発案した信長は凹部にていねいに張っていることがわかる。しかも、金箔の純度は高い。これは技術と品質を重んじる結果と考えられている。しかし、これを継承した秀吉は金箔を全体に張らせるという華美に走った。しかも箔張りの技術は低く、金の純度も低いという違いがあった。これは大量生産の結果であり、秀吉が

図 34 ● 搦手道湖辺部出土の金箔瓦

質よりも量を重んじた結果であると考えられている。

さらに、信長の金箔瓦はもう一つ違う意味をもっている。

それは金箔瓦を親族の象徴として使用していることである。当時、安土城以外で金箔瓦を使用していたのは、長男信忠の岐阜城、次男信雄の松ケ島城、三男信孝《のぶたか》の神戸《かんべ》城だけであった。普通の瓦については家臣にも分け与えているが、血を分けた子どもたちの城には金箔瓦を使用し親族であることを示していたのである。これはひとつの権力の象徴としての意味合いが強いものと考えられる。

信長は城をきらびやかに見せる一方で、金箔瓦を権力の象徴として利用したことがわかるのである。信長は新しい試みとして天下布武の拠点としての城に、その証として金箔をもちいて光り輝く瓦を作成したのである。権力の象徴としての金箔瓦の誕生である。

さらに、瓦に対する思い入れと技術革新はそれだけにとどまらなかった。

最古の金箔鯱瓦

今では当然のように思われている城郭の鯱瓦《しゃちがわら》も、実際に、最初に城に採用したのは信長であり、安土城からであった。一九九六年九月に安土城ではじめて鯱瓦が発掘されたことにより、そのことが証明されたのである（図35）。

鯱はもともと古代建築の大棟の両端を飾った鴟尾《しび》が形を変えたものといわれている。鴟尾は紀元前三世紀頃に中国で生まれ、飛鳥時代に日本に伝わり、寺院や宮殿の主要な建物に用いられていたものであった。唐招提寺金堂には奈良時代の鴟尾が今も飾られている。しかし、日本では一〇世紀頃からしだいに鴟尾は使われなくなる。理由は不明であるが、その主流は鬼瓦へと変化していくのである。

一方、中国では、九世紀頃から鴟吻《しふん》と呼ばれる魚が口を開く姿のものに変化していく。一〇世紀以降に中国で盛んに用いられるようになるのはこれである。これが鎌倉時代に禅宗建築と共にわが国に伝えられて、日本風に変化したものが鯱といわれている。天主に唐様を好んで使用したと伝えられる信長は、この鯱を城郭の屋根瓦に採用したものと考えられる。

鯱は海に住むものである。月や波を飛ぶ兎のように、海や水にかかわるものを屋根に上げると、火事からまぬがれるという故事にもとづいて採用されたと考えられる。安土城で発見された鯱瓦はつぎのようなものであった。

図 35 ● 伝米蔵跡出土の金箔鯱瓦

図 36 ● 復元された金箔鯱瓦

胴体は腹部の鱗《うろこ》を示した蛇腹《じゃばら》が認められ、蛇腹部は粘土を削り出して表現されていた。また、胴体の鱗はハート形の粘土板を一枚一枚、幾重にも重ね合わせて張られているものであった。これは近世の鯱瓦の鱗が線で描かれたり、馬蹄形のスタンプを押して表現されていることから比べるとてもていねいで技術力の高い仕事であることがわかる。

また、顔部の破片から顔立ちは大きく、六角形のまぶたの中に眼が大きく見開き、大きな口から前歯が反り上がり、牙が鋭く立ち上がる姿が浮かび上がった。それは今までだれも見たことのないような異様な顔立ちをしていた。

これらの破片から復元した鯱の全体の姿は、胴部がエビのように反り、顔立ちが大きく、にらみつけるようなものであった（図36）。また、胴部からは均整のとれた大きな尾鰭《おひれ》や胸鰭《むなびれ》がそそり立つように開いたものであった。まるで水を得た魚のように、とても生き生きとした姿のものであったのである。

安土城の鯱瓦は、眼と前歯、牙、鰭だけにしか金箔が張られていない。このことから全面に金箔を張ったいわゆる「金の鯱」は黄金太閤と呼ばれた豊臣秀吉以降のものであることがわかったのである。日本最初の鯱瓦は力強い意志をもった信長の姿を写しているように考えさせられるものであった。

鯱瓦以外にも種々多様な形をした屋根瓦が発見されている（図37）。その意匠は当時にあってはとても奇抜なものであった。いや、ハイカラであったかもしれない。たとえば、宝珠《ほうじゅ》を背中に抱く髭の生えた亀がある。たとえば泳ぐ魚の群れをあらわした瓦、コウモリの顔をした瓦などがこれである。これらは当時の人びとにはわかる深い意味や故事を形であらわしたものと考えられる。それを屋根瓦の意匠として採用した理由はわれわれにはよく理解できていないが、これも信長の城づくりを考えるうえで重要な遺物であるには違いない。

権威の象徴、菊紋瓦・桐紋瓦

さらに、信長は屋根瓦に菊紋や桐紋、木瓜紋《もっこう》などの家紋を用いたことも発掘調査でわかっている。これも信長が城郭に導入した最初のものであった。菊紋と桐紋は天皇家や朝廷の家紋である。これをみずからの城の瓦に使用するということはどういう意味があったのであろうか。

桐紋については信長は、一五六八年（永禄一一）に足利義昭より拝領していて使用することが可能であった。研究者のなかには、天皇や朝廷に逆らい、日本の王や神ならんとするところ

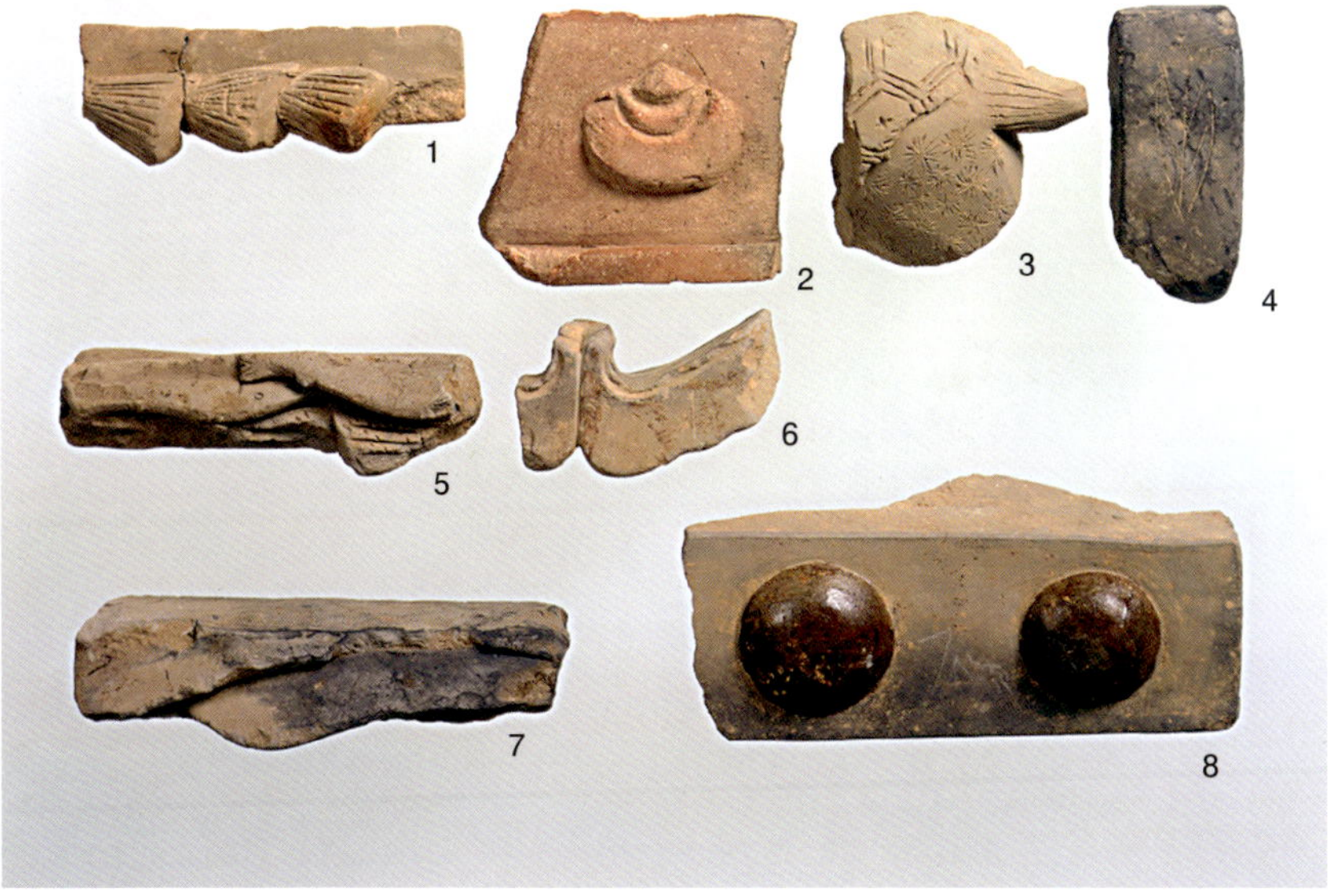

図37 ● 種々多様な形をした屋根瓦
①貝、②宝珠、③亀甲、④矢羽根（線刻）
⑤泳魚、⑥木瓜紋、⑦波、⑧連珠

に信長の実像を見出そうとする傾向があるが、みずからの城郭の高い屋根に拝領された紋や天皇家の菊紋を配する信長の姿は、必ずしも古い権威を否定したものではなかったのである。その行為自身は権威の象徴にあり、安土城を訪れる人びとや家臣にそれを見せつけるために考え出されたと理解できるのである。

この菊紋と桐紋の考え方は、後の時代にも受け継がれていく。桐紋は「太閤桐」として秀吉の家紋になり、さらに秀吉は家臣たちに官位と共に家紋を分け与えるということをおこなっていくのである。

こうして菊紋と桐紋は城郭の屋根瓦に広く普及していくことになったのである。現代でも屋根瓦に家紋の入った瓦が葺かれているものを目にすることがあるが、安土城で見られる菊紋瓦と桐紋瓦のような使い方が、これら家紋瓦発生の初源といえるものであった。

図38 ● 黒金門跡南斜面・伝米蔵跡出土の菊紋・桐紋瓦
信長は、城の重要な施設の屋根瓦に天皇家や朝廷の紋をあしらった。

安土城の到達点

このように発掘調査で得られたさまざまな成果を振り返ってみると、共通した安土城の到達点があると考えられる。それは、これまで城郭史の中で説かれてきたような、城のパーツの一つである枡形虎口の型式的発展や縄張から見た城全体の機能的分化という構造的な点だけにとどまっていないことが理解できるであろう。

城を構成する個々の構造物のパーツの一つひとつが、それまであった技術や技術者を統合し、機能を整理し、革新的な発想をもって創作された時代の産物とみることができる。一つには中世的世界である権門《けんもん》社寺からの特権の解放という大きな意味を含んでいた。その結果、石垣・瓦・建築・白壁・金具など、ありとあらゆる技術者が寺院勢力から解放され城造りに結集された。

そして、もう一つは政治の象徴、シンボルとしての意味である。彼の自由な発想、新しい想像は、古い物を新しい形として再生し、生まれ変わらせた。城の機能という意味においては、館での暮らしの考え方、城の機能と使用方法において公家文化からの脱却をおこない、社会の体質をも一変させたのである。安土城は信長のそのような新しい意識のもとにつくりだされた城として間違いがないであろう。

これらすべてが信長のために信長の発想のもとにつくられたのである。そして、安土城の成立によって形づくられた一つひとつが、その後の城郭の築城に多大な影響を及ぼしたことである。

後に政権をとった豊臣秀吉は天下統一の過程の分国政策で、地域の城をことごとく破壊した。そして、新たなる政権の城として、石垣づくりで瓦葺の諸施設と天守を備えた城を各地につくらせた。しかし、そこでの発想と使用された技術はすべて、安土城で信長が完成させたものばかりである。それは安土城を支えた技術者たちであり、同じような技法の石垣、同じ系列の紋様で飾られた瓦、金箔瓦、桐紋瓦であった。これら秀吉の城に見られるものはすべて信長がはじめたことだったのである。私たちは、これらの城を総称して「織豊系城郭」と呼ぶ。

そして、この基本的な城づくりは、より形骸化して徳川幕府にもそのまま引き継がれていくのである。われわれがもっとも城として親しむことのできる姿は、まさしく信長が天下布武のために築いた安土城が定着していく姿だったのである。

安土城の調査が進めば進むほど、さまざまな新たな発見があるが、技術や基礎は意外と伝統的なものが多いことに気づく。しかし、新たに生み出された形そのものは、中世的なイメージからは程遠いものである。信長がつくりイメージしていたのは新しい時代の城を築くことではなかったか。発見される枡形虎口や大手門・大手道、天主の姿は後の近世城郭の景観そのものである。

しかし、天主や御殿の構造や使用方法はいまだ解決できたとはいえない。大手道の性格や大手門周辺の景観にしてもである。疑問点はつぎつぎと浮かび上がってくるのである。中世という時代から近世へと向かう過渡期にピンポイントとして出現した安土城はそれゆえに唯一無二ともいえる貴重な城郭なのである。

このように進められてきた発掘調査の結果から、これまでに理解されていた安土城の姿が少し違ってきたのではないであろうか。炎上した範囲からはじまり、城の構造や城そのもののあり方に新たな大きな疑問があるということである。

安土城の城としての到達点は、すべてのパーツの技術革新である。しかし、安土城にはもう一つ重要な到達点があった。それは天下布武としての歴史的な意義である。

それではつぎに、これを考えるうえにおいて大切な、安土城の二つ目の顔について考えてみたい。

第6章　天下布武の城

生活の場から政治の場へ

安土山の山頂には信長の居城である本丸がある。そこは信長の生活の場である。中世にあっては、山城は戦闘の場であり日常的な生活の場ではない。生活の場は麓の館《やかた》にあったことは先にも説明したとおりである。

一方、戦国時代の近江では山頂部に館を構えることがはじまっていた。守護たちは山頂に大きな御殿を構えそこで生活をしていたことが近年、発掘調査でも明らかになっている。しかし、それらは信長の意識とは少し異にしている。彼らは室町幕府の公家文化をまね、歌舞音曲、風光明媚を求めて、その場を儀礼の場としていたからである。

したがって、完全な個人生活の場として城を意識したのは安土城からであると考えて間違いがない。そして信長は、山頂に「天主」という建物を築いた。さらに、ここに御殿を構えた。『信長公記』の「安土山御天主の次第」をみると、天主の内部構造がいわゆる近世城郭でいう本丸御殿を部屋ごとに上に積み上げたような形になっていたことが理解できるであろう。

実は信長の天主の形は塔であるが、機能は御殿なのである。しかも、この天主を中心とする城郭施設は土台を石垣で築き、白壁の建物に屋根瓦をのせた寺院建築でもある。金具、金箔瓦や瓦の紋様まですべてのデザインは信長の好みそのものに仕上げられた。どこにもない本丸の新たなる形。それは、彼が示した当時の力そのものであった。彼は、みずからの城の形を新たなものにすることにより、権力の一つの到達点を世の中に示したのである。

当時、信長は天皇以外の最高権力者に上り詰めようとしていた。すでに彼の生活の場は彼の生活の場ではなくなりつつあり、天下の政治の場と一致しつつあった。今や、政治の中心は京にはあらず、信長の膝元にあろうとしていたのである。家臣をはじめ国衆が訪れ指示を求めるのは、ここ安土山の上に住む信長その人であった。そういう意味において、安土山は天下人としての政治の場と化したのである。

これは別に信長だけにかぎらず、鎌倉幕府でも室町幕府でも行為としては大差はなかった。ハレとケ、ツネとオモテを同じエリアの建物でおこなうことは古典的な作法であったからである。しかし、一つ違うことがあるとすれば、ここは館ではなく城であるということである。この天主と御殿と城は新しい時代の新しい形の政庁というべきものとして、ここ安土に成立したのである。

「天下布武」は「天下静謐」へ

戦乱の世に静謐《せいひつ》をと、正親町《おおぎまち》天皇から足利義昭将軍を補佐し、天下の統一を頼まれたのは織田信長であった。天皇にとってはみずからに成りかわり、混乱する天下を太平に治めてくれる忠勇な武人が必要な状況であった。したがって、それを実現する力と社会の受け入れさえあれば、天皇にとっては台頭する戦国大名の中の誰でもよかった。ただ、信長が指名されたのは、結果としてみずからが示す圧倒的な実力とわずかな武運と地の利があったからであろう。

「天下統一」が信長みずからの意志ではなかったことは、一五六三年（永禄六）の天皇からの宣旨によってわかっている。信長は天皇の命を受けたかたちで、他氏から排斥されていた足利義昭を補佐し、永禄一一年九月に上洛したのである。そして、義昭の一五代将軍就任と幕府の再興を果たした。しかし、当時信長は幕府を倒す意志はなかった。信長はむしろ幕府を補佐する立場を選んでいたのである。これを証明するように、天皇と義昭は信長に三度にわたり副将軍と管領職の地位を授けようとしている。しかし信長は、室町幕府が存在する段階であり、そのたびに丁重に叙任を辞退している。

そうしたなか、信長と義昭の仲はねじれていく。義昭との確執は日々大きくなり、義昭は日増しに大きくなっていく軍事力と信長をうとましく思うようになり、排斥しようと考えはじめていた。幕府を武力で支えていた信長は、一五七二年（元亀三）九月に十七ヶ条の異見書を出し義昭をいさめたり、翌一五七三年（元亀四）には正親町天皇の薦めで和議を結んだりしてしのいでいたが、義昭はついに信長に対して宣戦布告する。圧倒的武力を要する信長はこの蜂起に業を煮やし、義昭を放逐してしまう。同年七月、室町幕府は滅亡した。

　この時代にあって天下を統一するということは、天皇から征夷大将軍に任命され幕府を開き政治をおこなうことであったはずである。したがって、本来であれば信長は足利氏に代わり、天皇から征夷大将軍に任命され開幕するのが普通であったであろう。しかし、信長はそれをおこなわなかった。一五七五年（天正三）七月、またしても正親町天皇の官位叙任を辞退するのである。しかし、どうしたことか一転して同年一一月には、従三位権大納言兼右近衛大将を叙任するのである。しかも、あれほど官位に興味を示さなかった信長自身がみずからの陣立てをおこなう本式という形においてである。この日、彼は織田家の頭首から離れ、はじめて違う道を歩みはじめた。時代は「天下布武《ふぶ》」から「天下静謐《せいひつ》」へと向かっていたのである。

　それは、信長自身のさらなる地位の向上と、その仕上げとして計画されていたある行為であった。それは『言経卿記《ときつねきょうき》』紙背文書《しはいもんじょ》の仮名消息に遺されている、天皇を安土城へ迎えることである。その文書は一五七六年（天正四）の記事と推測されている。

天皇の行幸と安土城

　さて、ここでもう一度安土城と信長の歴史について振り返ってみたい。安土城の築城は、一五七五年（天正三）一一月二八日の信忠への家督譲渡にはじまった。信長が織田家の統領を退き新たなる道を歩みはじめた日でもあった。信長の新たなる地位の確立でもあり、天下人への道のはじまりでもあった。

信長は翌一五七六年（天正四）正月中旬の号令とともに御座を安土に移した。そして安土城の築城を開始した。室町幕府の存在時期にはあれほど拒んだ官位叙任をその後はみずから欲するかたちで進めていることでもこれは理解できる。

信長はその後、一五七六年（天正四）一一月一三日に正三位、二一日に内大臣に、一五七七年（天正五）一一月一六日に従二位、二〇日に右大臣に、一五七八年（天正六）一月六日に正二位と駆け上がっていく。ところが、同年四月九日、突然右大臣と近衛大将の座を辞す。信長にとってその理由は明確であった。いまだ天下統一がならないので統一後にあらためて任官したいということ、まず現職を嫡男信忠に譲りたいことがあげられている。これは安土城に天主と御殿が完成する直前のことである。ここにきて信長の官職の到達点は足利三代をも凌ぐ位置にあった。

しかし、一五八一年（天正九）三月一日に天皇が左大臣に任じようとすると、信長は誠仁《さねひと》親王への譲位後拝命する旨を伝えて丁重に辞退している。その保留の理由は正親町天皇の譲位にあった。当時、正親町天皇は六五歳と高齢であった。しかも病気がちであったということもあり、天皇は天正三年あたりから譲位を考えていた節があったからである。

そのような中、一五八二年（天正一〇）五月、正親町天皇は勅使権中納言勧修寺《かんじゅうじ》晴豊《はるとよ》を安土に下向させて、信長に対して「太政大臣か、関白か、将軍任官と幕府開設か」を推任したのである。しかし信長はこれに対して回答しなかった。勅使に対して回答しなかった理由は明確である。信長は安土に天皇を迎えた場で叙任を受けようと考えていたからである。

おそらく彼はどの地位につくか決めていたのではないであろうか。信長はみずからの最後の叙任を正親町天皇からではなく天皇の譲位後新たな天皇になる誠仁親王から望んでいたのである。しかも、流れからみてその場所を安土城と最初から決めていたとしか考えられないのである。

「天の下に武を布く」

信長が「天下布武」の意志を明確にあらわしたのは、正親町天皇から「天下静謐」の要請があった一五六三年（永禄六）一〇月以降であると考えられるが、正確に形にあらわしたのは一五六七年（永禄一〇）頃に発給した「天下布武」の印文を用いた印判状で確認できる（図39）。それは居城を小牧山から稲葉山に移し、その名前を「岐阜」と改めた直後のことでもあり、尾張の統一から美濃への侵攻をはじめた頃のことである。信長はすでにこの時点で天下を自覚しはじめていたのである。

天下とは「あまがした」と読み、天皇の下で武を布くのである。信長の意識は天皇の願いである「天下静謐」を「天下布武」でなし、「天下統一」し、そして「天正」として天を正そうとした行為そのものであったと考えられる。

天皇の願いであった「天下統一」を、みずからの意志として実現してきた方法論「天下布武」により、完成しつつあった国造りの総仕上げは「天下布武」の拠点として築城したこの「安土山」に築いた安土城に天皇を迎え、なし得たことを自他共に天に宣誓することにあった

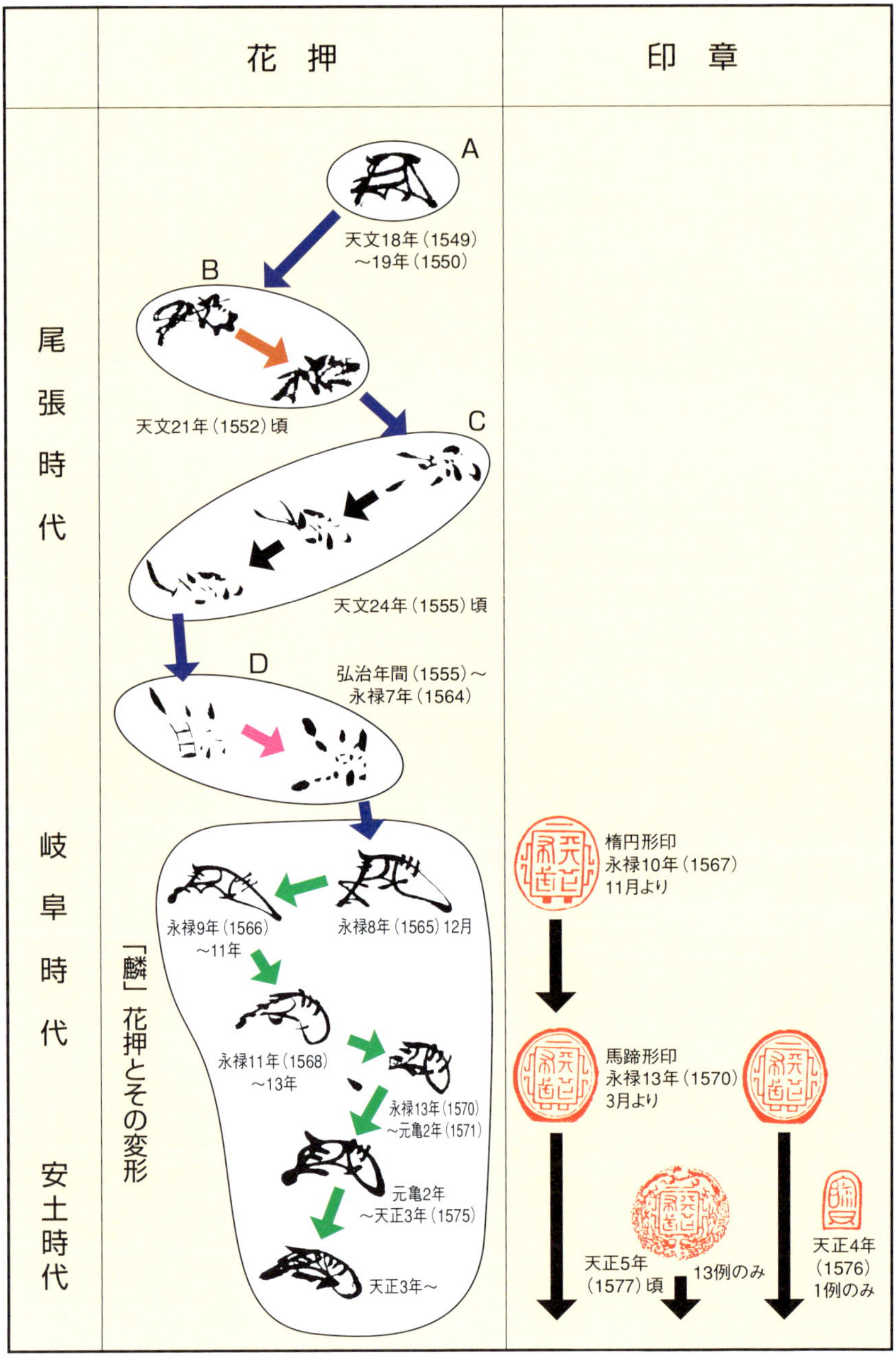

図 39 ● 信長の花押と印章の変遷

のではないであろうか。つまり、彼は天皇を葬り去るような神でもなく悪魔でもなかったのである。彼はまったく日本古来からのもっとも伝統的な武士のひとりだったと解釈すべきである。

安土城の意義

さて、安土城の天主と御殿の完成は一五七九年（天正七）であったことを思い出していただきたい。その荘厳できらびやかな姿は、それまでの日本のどこにもない形と高い技術力の結集によってつくりあげられたものであった。これらの様子についてはすでに述べたとおりである。しかも、その全体は築造開始からわずか三年で完成している。

城づくりは縄張りからはじまる。古来の城にあってはそこは戦闘の場であった。敵の侵入を防ぎいかにして戦うかが縄張りを考えるうえでの焦点である。しかし、信長はこの城づくりに、戦闘を目的とする「戦闘の場」と、さらに恒常的な「生活の場」と儀礼的な「政治の場」をもち込んだ。天正四年からはじめられたのは「戦闘の場」としての城施設の石垣づくりの普請である。その上に築かれた櫓や門、塀などの城としての作事施設と、さらに「生活の場」としての屋敷の数々をつくり、「政治の場」として天主や御殿などをつくった。これらはすべてが機能的に一体となるように、装置として、システムとして計画され配置されているのである。これが信長のイメージした安土城の姿であった。三位一体の発想のもとに築かれた安土城は、まさしく、計画的な城づくりであったとしかいえない。

信長の天下統一の構想の一部が官位・官職にあらわれていることは先に述べた。これから考え、結論を述べるならば、天正一〇年に予定されていた安土城への天皇の行幸はすでに築城段階からの構想であったと言わざるを得ないということである。天皇を迎えるための行幸御殿、天皇のお成りは有職故実に基づく格式ある場所でなければならない。古代の行幸をはじめ、信長以前も信長以後も、天皇を迎えた武人たちは天皇専用の建物を用意することが習わしになっている。したがって、天正四年段階で行幸の意識のある以上、彼は天皇を迎えることを前提にこの安土城を建造したとしか考えられないのである。そう考えると、記録にあらわれない大手道の謎も、大手門周辺の形態や格式も理解ができるのである。安土城の構造のすべてはまさしく天皇のための城づくりだったと言っても過言ではない。

安土城はまさしく信長の「天下布武」構想の象徴として、最初から彼の心と頭のなかで位置づけられていた「天下城」、「天下人の城」として考えなければならないのである。

第7章　安土城築城の意義

特別な城としての理解

『信長公記』によると、「天正十年正月朔日、隣国の大名・小名御連枝の御衆」が安土城に出仕した。「百々の橋」から登城した彼らは、「惣見寺毘沙門堂御舞台」を見物し、「おもての御門」（黒金門）より「三の御門」（本丸西虎口）の内、「ご殿主」の下まで案内され、そこから白洲を通り、「御幸の間」を拝見した。「御馬廻、甲賀衆」は別途、「南殿」と「江雲寺御殿」を見物し、同じく「御幸の間」を拝見している。御幸の間の説明として、そこは「一天君・万乗の主の御座」（天皇の座所のこと、高御座か）であり、建物は「檜皮葺、金物日に光り、殿中悉く惣金」で「金具所は悉く黄金を以て仰せつけられ、斜粉《ななこ》をつかせ、唐草を地ぼりに、天井は組み入れ、上もかがやき下も輝き」、心も詞も奪われるごときであったという。「畳」は「備後面《びんごおもて》」で「上々に青目で高麗縁《こうらいべり》」（親王の格式）、「雲絹縁《うんげんべり》」（天皇・皇后・上皇の格式）、「正面から二間の奥に、皇居の間と覚しく、御簾の内に一段高く、金を以て瑩立《みがきたて》、光輝き、衣《い》香当《こうあたり》を撥《はらっ》四方に薫じ」とある。これが安土城本丸にあった御殿の構造であった。

この記事から、山頂の本丸には、四つの建物があることがわかる。一つ目は、「天主」である。これについては別の記事からも明白である。二つ目が「江雲寺御殿」である。これは、安土城の南東に位置する六角氏の居城観音寺城にあった御殿だといわれている。饗宴の場とされ見晴らしの良い高台だとされているところから、伝三之丸跡に比定されている。のこるは、「南殿」と「殿主」である。「南殿」は「なでん」と読む。御所でいうところの「紫宸殿」を意味する。元来天子は、「天子南面す」という言葉があるとおり、南（朱雀）を向いて座する。「御幸の間」「皇居の間」はこの中にあった。本丸の中央で南向きの御殿は、「伝本丸跡」以外にはない。最後は「殿主《でんしゅ》」である。「殿主」は本来「主殿《しゅでん》」、つまり主の住まいにあたる。中世では、表と奥で構成される書院造の建物で庭がある。そうするとのこる場所は「伝二之丸跡」以外にない。そういう意味では、信長の死後、秀吉がここに信長廟を作ったこともうなずける。

このように、安土城は単なる一武将の居城ではないことがよくわかるであろう。安土城はまさしく、天下人のための天下城なのである。

天主を考える

さて、ここで天主について考える必要がある。天主の起源、成立と展開については、別稿「天下人の天主・天守―信長・秀吉から家康へ―」で述べたとおりである。天主は、安土城以前からもあり、戦闘指揮所として櫓に城主が住まいする形からスタートする。現在我々が知っている「天守」は、江戸時代の平和な時代の天守である。それは政治の場のシンボルとして、統治者がここが統治の拠点であることをあらわすために造られているもので、必要なものは外観であった。織豊期にあっては、天主・天守の内観は実用的なものである。秀吉段階では、大坂城のように天守は秀吉とねねのプライベート空間となっており、刀や茶器、着物などの個人財産の倉庫でもあった。また、ここにいたのは婦女子だけであった。

信長が建てた「天主」は、これらのものとまったく発想が違う。建物の形状には系譜を認められるが、内観の構造はまったく異なる思想をもつものであった。ゆえに、安土城天主はほかと比較するものがない唯一無二のものと考えなければならない。

しかし、残念ながらその姿形を現在確認することはできない。これまで多くの建築家や在野の研究者によって復元案が公開されているが、おそらくどれ一つとして正確なものはないであろう。信長が、狩野松栄に命じて幾度も描き直させ、ヴァリニャーニに送り天正遣欧使節団がバチカンに運んだ屏風が発見されれば、外観は明らかになるかもしれないが、この世からなくなったものを復元することは不可能である。

唯一の手がかりとなるのは『信長公記』に記載された「安土山御天主の次第」などの記事である。それによると、技術的には当時の建築、金具、絵画などの技術の粋を結集してつくられたことに問題はないが、大切なのは各階の様子である。地下一階からはじまる各階には、信長の考え方がつまっていた。

一階は、墨絵と大和絵で構成されている。画題としては『墨絵に梅の御絵』（梅は「四君主」

に見立てた蘭、菊、梅、竹のひとつ）、『遠寺　晩鐘の景気』（中国瀟湘《しょうしょう》八景、伝説の皇帝堯《ぎょう》の桃源郷伝説）、『鵝の間』（鵞鳥《がちょう》を愛する王羲之が、一羽の鵞鳥のために老子の道徳経を書いた話）、『雉の子を愛する所』（「焼野の雉」の故事。雉は野を焼かれると身を捨て子を守るため巣に戻って焼け死ぬ）、『唐の儒者達』。

　次に二階。『西王母』（崑崙山《こんろんさん》の天界を治める不老不死の女仙人）、『花鳥』、『仙人』、『駒の牧』『賢人』『ひょうたんより駒の出でたる所』、『麝香《じゃこう》の間』（宮中で将軍が参内したときに祗《し》候《こう》する場）。三階には、『岩に木々、岩の間』（生命力の象徴）、『龍虎の戦』（二人の優れた傑物が相争うさま）、『竹の間・松の間』（冬も色褪せない事から清廉潔白を示す）、『桐に鳳凰』（天子が即位する時あらわれる鳳凰と止まり木の桐）、『許由、巣父』（「許由《きょゆう》、耳洗えば、巣父《そうほ》牛を率いて帰る所」。堯から帝位を譲ると申し入れを受けた許由が、耳が汚れたとし潁川《えいせん》で耳を洗い、それを聞いた巣父がその水を牛に飲ませられないと牛を連れ帰った話）、『庭子の景気・御鷹』、『てまりの木』。四階は、絵なく「無」。五階は『釈門十大御弟子等、尺尊成道御説法の次第』と『餓鬼・鬼』（仏教六道の餓鬼道と死者の霊の鬼）。そして最上階に、『三皇』・『五帝』、『孔門十哲』、『七賢』（魏晋の頃、俗世を離れ竹林に隠れ老荘思想を論じた七人の賢人）、『商山四皓』（秦代に乱をさけ商山に隠居した四老人。高祖の招きに応じず、太子を変えようとした時に下山し高祖を諫めた）。これがまさに信長が学んでいた世界である。

　信長が中国の故事に通じていたことがよくわかる。いずれも中国皇帝の君主論を論じる場面で重要な意味をもつものである。『天皇と中国皇帝』（彭丹著、平凡社、二〇二一年）によると、中国の皇帝は「天子であり天の息子」で、天命を受けた者が統一国家を率いることができ、悪政をおこなえば天はまた違う者に天命を与える。良政をおこなうために過去の歴史から統治理念を論じたのが諸子百家である。これに対し、日本の天皇は神の時代からの「万世一系」であることが根本的に異なり、「皇帝と天皇は似て非なるもの」であるという。信長は中国の故事をとおして、みずからを中国皇帝になぞらえた位置づけを考えていたのではないであろうか。しかし、天皇の譲位を助け、安土城へ迎え入れようとしていたことを考えてみても、彼の動向からは万世一系をゆるがすようなことを考えていたとは思えない。さて、信長はこの天主の最上階で何を考えていたのか、安土城の天主の謎は深まるばかりである。

大手門の発掘調査と安土城の表構え

二〇〇一年の発掘調査の結果は、重要な情報をもたらした。山上の建物群が天皇行幸のためのものであるなら、当然、同地を訪れた天皇はいずれかの道を通り山上に上がっていくことが想定される。大手道の章で、家臣たちが上がる百々橋口から黒金門にいたるルートとは別に、記録に出てこない非日常的な道として本丸の南虎口に入る南面ルートの説明をした。安土城には二つの顔がある。一つは城下町を軸とした西側の正面性と、もう一つは大手口を正面とした南側の正面性である。南の前には、下街道を挟んで内堀と外堀しかない。本来あるはずの城下町は西側にあり、南の前面は大きく開けており、これから新しく開発されていくはずの田園しかなかった。

大手門の両翼では長く続く石塁とその両端に枡形虎口が発見された。道の両脇の郭はここからしか入れない構造である。左右はぴったりと一致したものとはなっていないが、シンメトリーになっている。大手道の右側と左側の屋敷跡も再考する必要がある。未発掘地も含めて、これからの課題となるところであろう。大手門構造も門位置の破壊が激しく、間口幅はわかるが門形式は不明である。ただ、門の前には大きな広場があることがわかっている。江戸城の二重橋の前のような構造とでもいえばよいであろうか。ここそが、行幸に際して必要な空間であると考える。比較という意味では後の秀吉による聚楽第行幸、徳川家による二条城行幸という事例の分析が今後必要になってくるであろう。

もう少しつけ加えるならば、広場の前には、橋脚のような張り出しも見つかっている。中堀に橋が架かっていて、下街道からまっすぐに大手門に向かって入る状況も考えられる。いずれにしても、令和の整備で復元計画があるようなので、そこで明らかになることを期待したい。

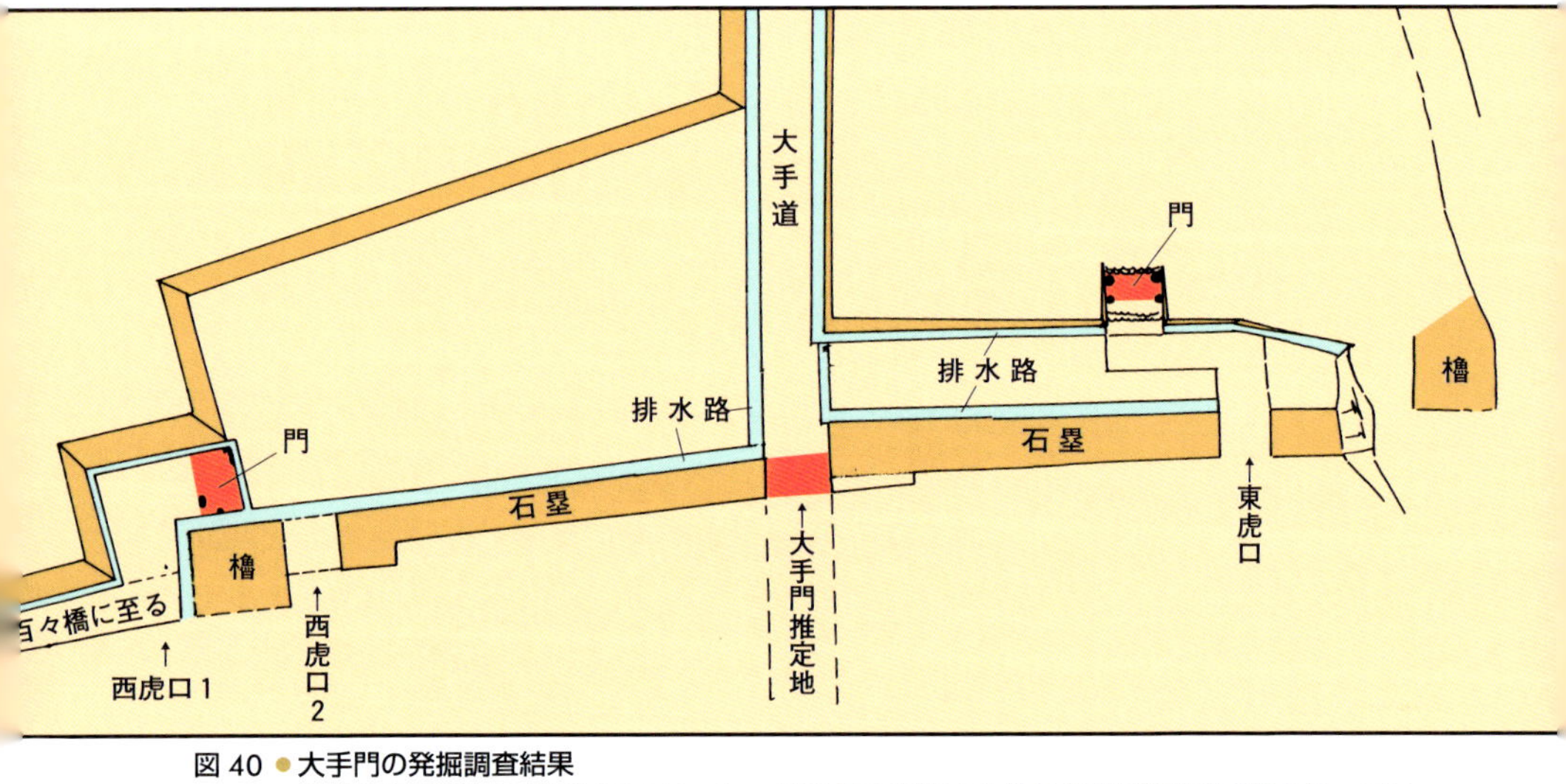

図40 ● 大手門の発掘調査結果
石塁の東西端から虎口が見つかった。この虎口の使い方が大手道を解明する鍵を握っている。はたして正面の大手門はどのような門であったのだろうか。

終章　そして炎上

一五八二年（天正一〇）六月二日、織田信長は明智光秀の謀反により、本能寺の変で自死した。安土城下は混乱に陥るなか、明智に摂取された。明智が山崎の合戦に敗れて殺され、のこされた一族もろとも坂本城が焼失したが、その直後の六月一四日に、明智がふたたび安土を訪れるのではないかと恐れた信長の次男信雄により安土城が焼かれたということが、フロイス『日本史』には記載されている。

一五七六年（天正四）正月にはじまった築城は、三年後の一五七九年（天正七）に天主が完成し、さらに一五八二年（天正一〇）正月に家臣たちに御幸の間を公開している。安土城天主がこの世に存在したのはわずか三年間だけである。まさしく幻の安土城とよぶにふさわしい。

滋賀県では、一九二八年（昭和三）ごろから、途中幾度かの挫折はあったが調査が続けられ、今また新たに「令和の大調査」として、二〇二三年から二〇年計画で発掘調査を実施している。本書は、平成の調査のまとめとして刊行されたものであるが、刊行されてから、はや二二年が経った。そういう意味では、記述の多くは当時の見解が定着したことにより新しさを失ってしまったかもしれない。

一方で、当時から斬新すぎる、飛躍しすぎているという批判もあったが、その後文献研究などによって理解を得られている。それらは同時に、本能寺の変の意味や三職推任、馬揃えの意義などを含み、信長がおこなおうとしてきたことを解き明かしてくれている。そのなかで安土城がもつ意味、意義がより明確になったと感じているところである。

考古学が明らかにする歴史という意味では、縄張り論を中心とする城郭研究としての形態論や構造論も大切であるが、それだけで歴史を再構築して語ることはできない。

安土城の価値を決定づけるため、「『安

図 41 ● 二の丸東溜りの焼け瓦群

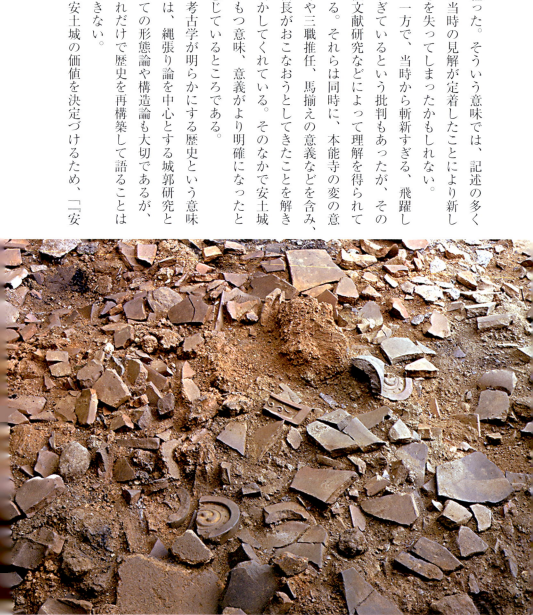

土城』築城の意義・再論」(二〇一九)という論文を著した。国会図書館に収められているのでぜひご一読いただきたい。安土城は天下人のための天下城ともいうべき城として、織田信長が畿内一円の「天下静謐」をなし得たことを内外に知らしめるために建てられたこと、そして彼が当時何を考えていたのかがわかっていただけると思う。

これまでも、明智光秀の謀反に対してはさまざまな要因が述べられてきた。いまだ、決着がついていない。明智の意図が信長の政局に絡んでいたか、単なる私怨なのかはよくわからないが、少なくとも謀反により、信長がなし得ようとしていたことが遮られたことは事実である。歴史に「たら・れば」はないが、信長がもし死を迎えていなければ、正親町天皇に約束したとおり、武田を滅ぼした後の一五八二年(天正一〇)六月四日には、皇位継承の補佐として必要な三職のいずれかの職に就き、その直後正親町天皇を安土に行幸させていたはずである。しかし、それをなし得なかった。結果として安土城行幸はおこなわれなかったという事実だけがのこった。

二〇一九年からふたたび安土城の調査整備に携わっている。平成の調査の再チャレンジである。天主を復元する「幻の安土城」復元プロジェクトとして進めているが、復元まではほど遠い。なぞ多き安土城の全体像は一〇〇年の研究を経てもなお解決しないからである。二〇二三年の調査では、天主台を中心にその周辺の調査をおこなった。取付台の建物構造、火事場整理と破城が議論されている。二〇二六年には築城四五〇年を迎えるが、新たな試みとしてデジタルでの復元も進められている。新たな発見とさらなる調査の進展はまだまだ続くであろう。

参考文献

岩澤愿彦「三職推任覚書」(『織豊研究』第4号)二〇〇二年
奥野高広・岩沢愿彦校注『信長公記』角川日本古典文庫、一九六一年
松田毅一・川崎桃太郎訳『フロイス日本史』中央公論社、一九八一年
柳谷武夫編『新異国叢書 イエズス会日本年報』雄松堂出版、一九六九年
『イエズス会士日本通信 上・下』雄松堂出版、一九六八年
滋賀県「安土城趾」『滋賀県史蹟調査報告 第一一冊』一九四二年
滋賀県教育委員会『特別史跡安土城跡修理報告書』(Ⅰ)一九六六年
滋賀県教育委員会『特別史跡安土城跡発掘調査報告』(1)~(13)
滋賀県教育委員会『特別史跡安土城跡整備工事概要報告書』(Ⅰ)~(Ⅲ)
橋本政宣「『安土行幸』を示す『言継卿記』紙背文書の一通について」(『書状研究』第4号)一九七六年
「織田信長と朝廷」『戦国大名論集 織田政権の研究』吉川弘文館、一九八五年
木戸雅寿「特別史跡安土城跡発掘調査報告」(『日本歴史』五〇八)一九九〇年
「安土城跡における考古学的調査の成果」(『考古学ジャーナル』三五三)一九九二年
「安土城跡発掘調査の成果と今後の課題」(『日本史研究』三六九)一九九三年
「安土城出土の瓦について—その系譜と織豊政権における築城政策の一端—」(『織豊城郭』創刊号)一九九四年
「織豊期城郭にみられる桐紋瓦・菊紋瓦について」(『織豊城郭』第2号)一九九五年
「石垣構築順序から見た安土城の普請について」(『滋賀県安土城郭調査研究所紀要』第4号)一九九六年
「近年石垣事情—考古学的石垣研究を目指して—」(『織豊城郭』第4号)一九九七年

「発掘が証す大手道」（『天下布武への道　信長の城と戦略』）成美堂出版、一九九七年

「安土城惣構の概念について（1）」（『滋賀県安土城郭調査研究所紀要』第5号）一九九八年

「安土城惣構の概念について（2）」（『滋賀県安土城郭調査研究所紀要』第6号）一九九九年

「安土城の天主台と本丸をめぐって」（『織豊城郭』第5号）一九九八年

「道・虎口・門とその空間構造について―安土城の場合―」（『織豊城郭』第6号）一九九九年

「近江における織豊期城郭の礎石立建物について」（『織豊城郭』第8号）二〇〇一年

「伝羽柴秀吉邸跡と伝前田利家邸跡」（『前田利家の武勇と戦略』）成美堂出版、二〇〇一年

「安土城が語る信長の世界」（『天下統一と城』）塙書房、二〇〇二年

「出土瓦の刻印・線刻からみた安土城の瓦工人について」（『滋賀県安土城郭調査研究所紀要』第8号）二〇〇二年

「安土山」（『戦国時代の考古学』）高志書院、二〇〇三年

「織田政権下の城郭建築について」（『森宏之君追悼城郭論集』）織豊期城郭研究会、二〇〇五年

「安土城の大手道は無かった―登城口と御成口―」（『紀要』第20号、財団法人滋賀県文化財保護協会）二〇〇七年

「安土城天主研究史を考える―考古学の見地から―」（『小笠原好彦先生退任記念論集』）真陽社、二〇〇七年

「安土町と安土山下町」（『信長の城下町』）高志書院、二〇〇八年

「安土城『天主』の復元はどこまで可能なのか」（『信長研究の最前線』（2）歴史新書y）洋泉社、二〇一七年

「『安土城』築城の意義・再論」（『淡海文化財論叢』第一一輯）淡海文化財論叢刊行会、二〇一九年

「安土城が語る信長の世界」（『織田信長の城郭』）戎光祥出版、二〇二〇年

「『天守指図』の謎―安土城天主をめぐって―」（『十六世紀論叢』第14号）二〇二一年

「天下人の天主・天守―信長・秀吉から家康へ―」（『十六世紀論叢』第15号）二〇二一年

図版提供・所蔵先

滋賀県立安土城郭調査研究所＝図4　空から見た安土山／図7　発掘調査前の大手道／図8　発掘調査中の大手道／図9　大手道から発掘された石仏／図12　伝百々橋口道郭虎口／図13　山腹部の搦手道の様子／図14　搦手道の最上部にある井戸郭／図15　搦手口で出土した木簡／図17　平面整備後の伝羽柴秀吉邸跡の櫓門跡／図18　伝前田利家邸跡の虎口／図23　黒金門の調査／図24　伝煙硝蔵跡集積瓦／図25　二の丸東溜り出土平面図／図26　二の丸東溜りの焼失状況／図27　二の丸東溜り出土の黄瀬戸／図28　二の丸東溜り出土の鉄製土工具／図29　伝台所跡周辺で検出した重層構造を示す礎石と石塁／図30　伝台所跡出土の飾り金具／図32　安土城の石垣立面図／図33　伝米蔵跡出土の金箔瓦／図34　搦手道湖辺部出土の金箔瓦／図35　伝米蔵跡出土の金箔鯱瓦／図36　復元された金箔鯱瓦／図37　種々多様な形をした屋根瓦／図38　黒金門跡南斜面・伝米蔵跡出土の菊紋・桐紋瓦／図41　二の丸東溜りの焼け瓦群

滋賀県立安土城考古博物館＝図5　安土城模型／図10　発掘調査でわかった大手道の変遷／図39　信長の花押と印章の変遷

小牧市役所企画課＝図2　空から見た小牧山

岐阜市教育委員会＝図3　岐阜城跡・千畳敷「織田信長居館跡」

近江八幡市教育委員会＝図20　「近江安土山下町中掟書」

協力

摠見寺

特別史跡安土城跡

・ＪＲ琵琶湖線安土駅より徒歩25分、レンタサイクル10分
・8：30～17：00（入山は16：00まで）
・年中無休
・大人７００円、小人２００円（高校生以下）

安土山は摠見寺の所有地で、大手道口から天主台へのルートが公開され安土城跡を見学することができる。

安土駅方面からみた安土山

本文にあるとおり、築城当時の大手道や伝羽柴秀吉邸跡、伝前田利家邸跡などの一部が復元整備されており、大手道口から天主へと登りながら壮大なスケールの安土城を体験できる。山頂の主郭部では伝黒金門跡、本殿跡、天主跡の礎石が整備されている。登り口から天主跡まで約30分。

県立安土城考古博物館

・滋賀県近江八幡市安土町下豊浦６６７８
・Tel ０７４８（４６）２４２４
・9：00～17：00（入館は16：30まで）
・休館日は、月（祝日は除く）、祝日の翌日（土・日は除く）、12月28日～１月４日
・大人５００円、高大生３２０円
・ＪＲ琵琶湖線安土駅より徒歩25分、レンタサイクル９分
（安土城跡より徒歩15分）

３００分の１の安土城の復元模型をメインに、金箔瓦や茶器、輸入陶磁器など、安土城から発掘された最新の考古資料を順次公開している。２０２５年春には一部展示がリニューアルされ、デジタルにより復元された安土城を見ることができる。

「近江風土記の丘」と呼ばれる安土駅を中心とした一帯には、安土城跡をはじめ、大中の湖南遺跡、瓢箪山古墳、観音寺城跡など史跡が点在している。

安土城考古博物館

遺跡には感動がある

――シリーズ「遺跡を学ぶ」刊行にあたって――

「遺跡には感動がある」。これが本企画のキーワードです。

あらためていうまでもなく、専門の研究者にとっては遺跡の発掘こそ考古学の基礎をなす基本的な手段です。また、はじめて考古学を学ぶ若い学生や一般の人びとにとって「遺跡は教室」です。

日本考古学では、もうかなり長期間にわたって、発掘・発見ブームが続いています。そして、毎年厖大な数の発掘調査報告書が、主として開発のための事前発掘を担当する埋蔵文化財行政機関や地方自治体などによって刊行されています。そこには専門研究者でさえ完全には把握できないほどの情報や記録が満ちあふれています。しかし、その遺跡の発掘によってどんな学問的成果が得られたのか、その遺跡やそこから出た文化財が古い時代の歴史を知るためにいかなる意義をもつのかなどといった点を、莫大な記述・記録の中から読みとることははなはだ困難です。ましてや、考古学に関心をもつ一般の社会人にとっては、刊行部数が少なく、数があっても高価なその報告書を手にすることすら、ほとんど困難といってよい状況です。

いま日本考古学は過多ともいえる資料と情報量の中で、考古学とはどんな学問か、また遺跡の発掘から何を求め、何を明らかにすべきかといった「哲学」と「指針」が必要な時期にいたっていると認識します。

本企画は「遺跡には感動がある」をキーワードとして、発掘の原点から考古学の本質を問い続ける試みとして、日本考古学が存続する限り、永く継続すべき企画と決意しています。いまや、考古学にすべての人びとの感動を引きつけることが、日本考古学の存立基盤を固めるために、欠かせない努力目標の一つです。必ずや研究者のみならず、多くの市民の共感をいただけるものと信じて疑いません。

二〇〇四年一月

戸沢充則

著者紹介

木戸雅寿（きど・まさゆき）

1958年生まれ。
奈良大学文学部史学科考古学専攻卒業。1973年から広島県草戸千軒町遺跡調査研究所を経て、滋賀県教育委員会で埋蔵文化財行政、1989年から2001年まで滋賀県立安土城郭調査研究所で国特別史跡安土城跡の調査整備に携わり、2008年から文化財保護課参事として埋蔵文化財・記念物係長を兼務。2018年からは滋賀県文化スポーツ部文化財保護課参事員として「幻の安土城」復元プロジェクトと彦根城の世界遺産登録事業を担当。
主な著作　「安土山」『戦国時代の考古学』（高志書院、2003）、『よみがえる安土城』（吉川弘文館、2003）ほか。

シリーズ「遺跡を学ぶ」002

〈改訂版〉天下布武の城　安土城

2004年　2月15日　第1版第1刷発行
2025年　1月15日　改訂版第1刷発行

著　者＝木戸雅寿

発　行＝新 泉 社
東京都文京区湯島1−2−5　聖堂前ビル
TEL 03（5296）9620 ／ FAX 03（5296）9621
印刷・製本／三秀舎

ISBN978−4−7877−2541−7　C1021

新泉社

シリーズ「遺跡を学ぶ」